HANS MOSER

Wilhelm Vershofens Beitrag
zu einer Theorie des Verbraucherverhaltens

Die Unternehmung im Markt

Herausgegeben von
Prof. Dr. G. Bergler, Nürnberg, Prof. Dr. J. Fettel, Hamburg,
Prof. Dr. O. Hintner, München, Prof. Dr. H. Linhardt, Nürnberg,
Prof. Dr. E. H. Sieber, Nürnberg

Band 10

Verantwortlicher Herausgeber: Prof. Dr. G. Bergler

Wilhelm Vershofens Beitrag zu einer Theorie des Verbraucherverhaltens

Von

Dr. Hans Moser

DUNCKER & HUMBLOT / BERLIN

Alle Rechte vorbehalten
© 1963 Duncker & Humblot, Berlin
Gedruckt 1963 bei Albert Sayffaerth, Berlin 61
Printed in Germany

Vorwort

Schon in der Formulierung des Titels der vorliegenden Untersuchung soll zum Ausdruck gebracht werden, daß Wilhelm *Vershofen* nie für sich in Anspruch genommen hat, eine allgemeine Theorie des Verbraucherverhaltens aufgestellt zu haben. Die Bedeutung seiner Beiträge aber, die er zu diesem Problemkreis geleistet hat, dürfte das Vorhaben rechtfertigen, sie einer eingehenden und kritischen Würdigung zu unterziehen. Dies erscheint um so notwendiger, als die Gedanken der „Nürnberger Schule" und speziell ihres Begründers zwar eine weite Verbreitung in der Praxis gefunden haben, die in der Kritik fruchtbare Auseinandersetzung im Rahmen der einschlägigen Wissenschaft dagegen bisher ausgeblieben ist. Viele der von *Vershofen* geprägten Begriffe wurden unbesehen übernommen und häufig allzu rasch zu Schlagwörtern, so daß ihre ursprünglich exakte Bedeutung verlorenging; andererseits bedürfen bestimmte Schlußfolgerungen Vershofens inzwischen doch einer gewissen Modifizierung.

Dem heutigen Betrachter bieten sich zahlreiche Zusammenhänge im Bereich der Verbrauchsforschung als selbstverständliche Einsichten dar; bei einer gerechten Würdigung muß aber anerkannt werden, daß *Vershofen* seinerzeit — d. h. vor rund 35 Jahren — tatsächlich Neuland betreten hatte. Selbstverständlich stützte auch er sich auf Vorgänger, doch gehörten diese fast ausnahmslos anderen Disziplinen als der wirtschaftswissenschaftlichen an, ob es sich im einzelnen um Philosophen (wie z. B. *Simmel*, der allerdings gleichzeitig auch Soziologe war), Soziologen (wie *Veblen*) oder Psychologen (wie *McDougall*) handelte; die wenigen Wirtschaftswissenschaftler unter ihnen (z. B. *Oldenberg*) lieferten zwar höchst interessante und oft eindrucksvolle Einzelbeiträge, doch blieben diese in der Regel in den Ansätzen stecken. Demgegenüber hat sich *Vershofen* im deutschen Sprachbereich als erster darum bemüht, die vielfältigen Einzelerkenntnisse unter *wirtschaftlichem* Aspekt zusammenzufassen, sie zu ordnen und durch empirische Forschungen zu ergänzen, um auf diese Weise den Grundstein zu legen für eine erste Systematik des Verbraucherverhaltens.

Die Arbeit bringt nach einer knappen Schilderung des wissenschaftlichen Ausgangsortes und der von Vershofen angewandten Methoden sowie der Terminologie eine Darstellung der wichtigsten Forschungsergebnisse auf dem Gebiet des Konsumentenverhaltens. *Vershofens*

Einsichten wurden zwar von jüngeren Autoren mit mehr oder weniger deutlichem Hinweis auf die geistige Urheberschaft übernommen, doch geschah dies meist ohne eine sachliche Auseinandersetzung, und nur selten wurden die Gedanken selbständig weiterentwickelt. Daher erwies es sich als wenig lohnend, eine literaturkritische Gegenüberstellung vorzunehmen. So enthält der dritte Teil im wesentlichen die eigenen Anmerkungen des Verfassers zu einzelnen Problemen. Das Schlußkapitel kann dann nicht eine nochmals komprimierte Zusammenfassung der Lehren *Vershofens* im Bereich des Verbrauches darstellen, sondern dient lediglich zur Aufnahme einiger grundsätzlicher Betrachtungen.

Der Verfasser hat während seiner eigentlichen Studienzeit Wilhelm *Vershofen* noch als Forscher und Lehrer erlebt, doch ist hier nicht der Ort, von der Faszination, die von diesem großen Gelehrten ausging, zu sprechen; statt dessen soll auf die Schilderung seiner Persönlichkeit in verschiedenen ihm gewidmeten Festschriften und auf einen Nekrolog aufmerksam gemacht werden*.

Seinem verehrten Lehrer, Herrn Professor Dr. Georg *Bergler*, mit dem er nun schon viele Jahre aufs engste zusammenarbeitet, schuldet der Verfasser tiefempfundenen, aufrichtigen Dank für die Einführung auch in dieses spezielle Gebiet der Wirtschaftswissenschaften.

Nürnberg, im August 1962

Hans Moser

---

* Vgl. Bergler, G., und Erhard, L. (Hrsg.): Marktwirtschaft und Wirtschaftswissenschaft, Berlin 1939; und Bergler, G. (Hrsg.): Kultur und Wirtschaft, o. O., 1949; Moser, H.: Nekrolog auf Wilhelm Vershofen, in: Kölner Zeitschrift für Soziologie und Sozialpsychologie, Köln und Opladen, 1960, S. 772 ff.

Inhaltsverzeichnis

Erster Teil

I. Einleitung 9
   1. Das Verbraucherverhalten in der wirtschaftswissenschaftlichen Literatur 9
   2. Die „amerikanisch-deutsche Konsumtheorie" 12

II. Der wissenschaftliche Ausgangsort und die Aufgabe 15
   1. „Marktzwang" 15
   2. „Gemeinwirtschaft" 17
   3. Die Aufgabe 18
   4. Theorie und Empirie 20

III. Zur Terminologie 26

Zweiter Teil

IV. Der Verbraucher im Markt 32

V. Das Kernstück der Forschung: Analyse des Nutzens 34
   1. Die Nutzengliederung 34
   2. „Grundnutzen" und „Zusatznutzen" 36
   3. Die „Nürnberger Regel" 37
   4. Müheerwägungen und Nutzenvorstellungen 38
   5. Der „Geltungsnutzen" 40
   6. Die ökonomische Bedeutung des Geltungsnutzens 43
   7. Unterschiedliche Verhaltensweisen je nach Nutzenart 46

Dritter Teil

VI. Kritische Würdigung 49
   1. Die Hilfswissenschaften — insbesondere Soziologie und Sozialpsychologie 49
   2. Der wissenschaftliche Ort der Verbrauchsforschung 53
   3. Vershofens Resonanz im wissenschaftlichen Schrifttum 56

VII. Spezielle Kritik der Nutzenlehre ... 61
1. „Eigenschaften" und „Nutzen" ... 61
2. „Sozialisierung der Zwecke" ... 62
3. „Grundnutzen" — „Genereller Nutzen" ... 64
4. „Zusatznutzen" — „Spezieller Nutzen" ... 66
5. „Hauptnutzen" ... 67
6. Vorwegnahme von Ansatzpunkten der modernen wirtschaftswissenschaftlichen Forschung ... 69

VIII. Rationalität oder Irrationalität des Verbrauchers? ... 75
1. Max Webers Unterscheidung ... 75
2. Psychologischer Exkurs ... 76
3. „Rational" und „irrational" in dreierlei Bedeutung ... 79
4. Bedarfsbildung und Bedarfsdeckung ... 85
5. Wirtschaften ist stets (zweck-)rational ... 87

Vierter Teil

IX. Schlußbetrachtung ... 90

Literaturverzeichnis 96

Erster Teil

I. Einleitung

1. Das Verbraucherverhalten in der wirtschaftswissenschaftlichen Literatur

Zum deutenden Verstehen und der ursächlichen Erklärung (im Sinne Max *Webers*) allen wirtschaftlichen Geschehens muß die ökonomische Theorie letztlich stets auf das Verhalten des wirtschaftenden Menschen zurückgehen, und deshalb liegt dieses Verhalten allen ihren Tendenzen, Regeln und Gesetzen zugrunde. Während nun aber die Wirtschaftstheorie im Verlauf ihrer Entwicklung in den Bereichen der Produktion und der Distribution zu einer Vielzahl allgemeingültiger Aussagen über das Verhalten des wirtschaftenden Menschen gelangen konnte, wurde das Feld der Konsumtion bis in die Gegenwart hinein höchst unzulänglich bestellt. Noch heute gibt es keine allgemeine Theorie des Konsumentenverhaltens, auch wenn sich aus mancherlei Einzeldarstellungen deren Umrisse allmählich abzuzeichnen beginnen. Lange Zeit hindurch wurde aber selbst der Beschreibung und der Definition des Konsums als einem wirtschaftlichen Phänomen nur geringe Aufmerksamkeit seitens der Wissenschaft gewidmet.

So lassen sich, beginnend mit den Physiokraten, innerhalb der klassischen Nationalökonomie zwei Gruppen von Autoren unterscheiden: einmal diejenigen, die trotz des nachdrücklichen Eintretens für die Behandlung und wissenschaftliche Durchdringung der Konsumtion durch J. B. *Say* diese entweder überhaupt nicht oder nur ganz am Rande erwähnen, und zum anderen solche Autoren, die diesem Gegenstand wenigstens einen gewissen Raum ihrer Arbeit in Form einzelner Kapitel zugestehen. Autoren wie *Smith*, James *Mill*, Adam *Müller*, v. *Thünen* und *List* geben überhaupt keine Definition des Verbrauches, entweder, weil sie sich mit diesem Problem nicht eingehender befassen, oder weil sie diesen Begriff als von vornherein ausreichend bestimmt ansehen[1]. Und dort, wo sich Ansätze zu einer „Konsumtionslehre" finden, handelt

---

[1] Vgl. Frühwald, Ernst: Verbrauchstheorie. Lehrgeschichtlich und systematisch. Diss. HfW Wien 1937, S. 86 f.

es sich regelmäßig um den Versuch, das Wesen des Verbrauchs aus der produktionswirtschaftlichen Gedankenwelt heraus zu bestimmen; kaum jemals erfolgt die Behandlung des Verbrauches um seiner selbst willen.

Hier soll in gebotener Kürze[2] doch auf die Frage eingegangen werden, warum die Konsumtion in der klassischen Nationalökonomie nicht oder kaum in Erscheinung getreten ist. Die Erklärungen hierfür, die man im Laufe der Zeit zu geben versucht hat, reichen von der bekannten Feststellung bei *Wirminghaus*, „... daß die Vorgänge der Produktion und Verteilung das gesamte volkswirtschaftliche Leben so stark beherrschen, die soziale Gliederung der Bevölkerung so wesentlich mitbestimmen, daß ihnen gegenüber die Konsumtion als vorwiegend individualer Natur zurücktreten konnte..."[3] bis hin zur „innerweltlichen Askese", die für *Galm* „der Schlüssel zum Verständnis der Tatsache zu sein (scheint), daß die Lehre von der Konsumtion so lange unbearbeitet blieb[4]." Als „innerweltliche Askese" bezeichnet Max *Weber* die wirtschaftsbestimmende Haltung des Protestantismus und die geistige Grundhaltung Englands zur Zeit der großen Nationalökonomen *Smith*, *Ricardo* und *Malthus*; diese Askese „wirkte mit voller Wucht gegen den unbefangenen *Genuß* des Besitzes, sie schnürte die *Konsumtion*, speziell die Luxuskonsumtion, ein. Dagegen *entlastete* sie im psychologischen Effekt den *Gütererwerb* von den Hemmungen der traditionalistischen Ethik, sie sprengt die Fesseln des Gewinnstrebens, indem sie es nicht nur legalisiert, sondern... direkt als gottgewollt ansah. Der Kampf... war *kein* Kampf gegen rationalen *Erwerb*, sondern gegen irrationale Verwendung des Besitzes"[5].

Während so für die klassische Theorie trotz der berühmten Feststellung Adam *Smith's*, daß der Verbrauch der einzige Endzweck aller Produktion sei, keine Verpflichtung bestanden haben mochte, sich mit dem Wesen der Konsumtion mehr als nur beiläufig zu beschäftigen — einmal, weil diese so unauffällig und zurückhaltend als möglich durchgeführt werden sollte, zum anderen aber auch deshalb, weil versucht

---

[2] In fast allen einschlägigen Veröffentlichungen der Gegenwart finden sich mehr oder weniger ausführliche Darstellungen, die im Grunde immer auf einige wenige Autoren zurückzuführen sind.

[3] Wirminghaus, A.: Die Lehre von der Konsumtion und ihrem Verhältnis zur Produktion, in: Die Entwicklung der deutschen Volkswirtschaftslehre im 19. Jahrhundert (Festschrift für G. Schmoller), Leipzig 1908, 1. Band, Abschn. XII, S. 3.

[4] Galm, Ulla: Beiträge der Institutionalisten zur Bildung einer Theorie des Konsumentenverhaltens, Diss. Frankfurt/Main, 1957, S. 12.

[5] Weber, Max: Die protestantische Ethik und der Geist des Kapitalismus, in: Gesammelte Aufsätze zur Religionssoziologie, 4. Aufl. Bd. I, Tübingen 1947, S. 190. Vgl. hierzu auch Müller-Armack, A.: Genealogie der Wirtschaftsstile, 3. Aufl., Stuttgart 1944, S. 85 ff.

1. Das Verbraucherverhalten in der Literatur

wurde, den Warenwert aus den Kosten zu erklären und ihn damit auf eine objektive Größe zurückzuführen, so daß die Konsumtion in diesem Zusammenhang keine Aufschlüsse zu liefern vermocht hätte — gewann die Konsumtion erstmals im Rahmen der Grenznutzenschule an theoretischer Bedeutung.

Weil die Grenznutzentheoretiker erkannt hatten, daß der Konsum des Menschen das wichtigste Agens der Wirtschaft darstellt, versuchten sie, den Warenwert aus dem Gebrauchswert herzuleiten und ihm damit einen subjektiven Erklärungsgrund zu geben. Sie gingen dabei jedoch von der Annahme aus, daß einer gegebenen Bedürfnisquantität des wirtschaftenden Menschen eine gegebene Menge an Befriedigungsmitteln (knappen Gütern) gegenüberstehe; so fand das Qualitative im Konsum keine Berücksichtigung. Die an sich verheißungsvollen Ansätze zu einer Konsumtionslehre führten nicht weiter, weil „Ausgangspunkt der Grenznutzentheorie... eine künstlich konstruierte isolierte Einzelwirtschaft (war)"[6].

Es muß vielmehr festgestellt werden, daß durch die Grenznutzenschule die Behandlung der Konsumprobleme nicht nur nicht gefördert, sondern sogar nachhaltig behindert worden ist: dadurch nämlich, daß die Grenznutzentheoretiker Gesichtspunkte aus der Lehre von der Produktion auf die Verhältnisse bei der Konsumtion übertrugen. So erfaßten sie den Konsumenten ebenfalls als einen homo oeconomicus[7] und bezogen sich dabei auf die klassischen Autoren. Aber spätestens *v. Zwiedineck-Südenhorst* hat überzeugend nachgewiesen[8], daß die Fiktion des homo oeconomicus von ihren Schöpfern nur für den „selbständig für den Markt produzierenden Wirtschafter" geschaffen worden sei.

Das Modell des rational bestimmten Verbrauchers, also des homo oeconomicus consumens, hat sich zwar bis in die moderne Wirtschaftstheorie hinein halten können (Theorie der Wahlhandlungen/Indifferenzkurvenschema)[9]. Aber im Laufe der Zeit verstärkte sich doch die Einsicht, daß das Konsumentenverhalten ein höchst vielschichtiger Komplex ist; nur ging man dann so weit, das Verhalten der Menschen im Bereich der

---

[6] Weber, Adolf: Allgemeine Volkswirtschaftslehre. Eine Einführung. 6. Aufl., Berlin 1953, S. 237.

[7] Vgl. v. Reichenau, Charlotte: Konsum und volkswirtschaftliche Theorie, in: Jahrbücher für Nationalökonomie und Statistik, Bd. 159, Heft 2, Jena (Februar) 1944, S. 86.

[8] Vgl. v. Zwiedineck-Südenhorst, Otto: Der Begriff homo oeconomicus und sein Lehrwert, in: Jb. f. NÖ. u. Stat., Bd. 140, Jena 1934, S. 516.

[9] Vgl. hierzu u. a. Schmölders, Günter: Ökonomische Verhaltensforschung, in: ORDO Jahrbuch für die Ordnung von Wirtschaft und Gesellschaft, 5. Band, Düsseldorf und München 1953, S. 206 f.

Konsumtion generell als „irrational" zu bezeichnen und diesen Umstand gleichsam als Erklärung für das Fehlen einer allgemeinen Konsumtheorie heranzuziehen. Bemühungen um eine Analyse der Bestimmungsgründe für das angeblich irrationale Verbraucherverhalten finden sich in den Wirtschaftswissenschaften aber erst nach dem ersten Weltkrieg, und auch dann nur sehr sporadisch, meist in anderen Zusammenhängen.

2. Die „amerikanisch-deutsche Konsumtheorie"

In dieser Situation wurde fast gleichzeitig von zwei Stellen aus versucht, das qualitative Verbraucherverhalten und seine Bestimmungsfaktoren zum Gegenstand eigenständiger wissenschaftlicher Forschung zu machen: Um die Jahrhundertwende wurde der Grundstein gelegt für die „amerikanisch-deutsche Konsumtheorie" *(v. Reichenau)*, und nach dem ersten Weltkrieg begann Wilhelm *Vershofen* seine Untersuchungen. Während die letzteren den eigentlichen Gegenstand der vorliegenden Arbeit bilden, kann hinsichtlich der „amerikanisch-deutschen Konsumtheorie" auf die Veröffentlichungen Ch. *v. Reichenaus* und E. *Beckers* hingewiesen werden; auf sie stützt sich auch die folgende kurze Skizzierung, die an dieser Stelle deshalb gebracht werden soll, weil von dieser Forschergruppe auf einem ganz anderen wissenschaftlichen Weg Ergebnisse erarbeitet wurden, zu denen bald darauf auch die „Nürnberger Schule" gelangte, und die damit ihre weitgehende Bestätigung fanden[10].

Die Grenznutzenschule hatte als Betrachtungsobjekt im Zusammenhang mit der Konsumtion den einzelnen, von seiner Umgebung isolierten Menschen herangezogen, sie hatte ausschließlich die Mensch-Ding-Beziehung *(v. Wiese)* untersucht; dieses wirklichkeitsfremde Bild revidierten nun der Amerikaner *Patten* und seine Nachfolger[11], indem sie, die Wirtschaftstheorie mit der Wirtschaftssoziologie verbindend, die Betrachtung der Mensch-Mensch-Beziehung in den Vordergrund stellten. Dabei erkannten sie, daß eine lebensnahe Erfassung des Wesens der Konsumtion nur im Zusammenhang mit den Beziehungen des einzelnen zur sozialen Gruppe möglich sein kann; denn unter dem „Gesetz

---

[10] Vgl. v. Reichenau, Ch.: Konsum und volkswirtschaftliche Theorie, a. a. O.; ferner: Probleme der Verbrauchsforschung, in: Weltwirtschaftliches Archiv, 61. Band, Heft 1, Januar 1945, S. 1 f.; Becker, Erika: Die Konsumtionsveränderung, Diss. Frankfurt/Main 1945; Galm, Ulla: Beiträge... a. a. O.

[11] Patten, Simon Nelson: The Consumption of Wealth, Philadelphia 1889, The Effect of the Consumption of Wealth of Economic Welfare Society, New York 1886, u. a.; Veblen, Thornstein Bunde: The Theory of the Leisure Class, New York 1899; Kyrk, Hazel: A Theory of Consumption, London 1924.

2. Die „amerikanisch-deutsche Konsumtheorie"

der Gruppe" *(Durkheim)*, unter dem der einzelne steht, handelt er als Glied dieser Gruppe anders, als wenn er von dieser Gruppe unabhängig wäre. So steht die Figur des „homo habitualis", des sozial gebundenen Konsumenten, im Mittelpunkt der amerikanischen Konsumtheorie. Hatten die Grenznutzentheoretiker — und nach ihnen andere Wirtschaftstheoretiker bis in die jüngste Zeit hinein — durch die unzulässige Übertragung der Fiktion des homo oeconomicus aus der Produktionssphäre in die Konsumtionssphäre — angenommen, daß der Mensch auch in letzterem Bereich — in völliger Ungebundenheit — letztlich nur ein *Maximum* an Nutzen anstrebe, so mußte diese Annahme nunmehr aufgegeben werden. Die amerikanische Konsumtheorie zeigte nämlich, daß der Konsument „ein jeweils nur bestimmt *begrenztes* Streben nach Gütergenuß (besitzt) und in seinen Entschlüssen *nicht völlig frei* (ist), weil er bei seinem Verbrauch von ‚Lebenshaltungsvorstellungen' der Gruppen gelenkt wird, mit denen er sich seelisch-geistig verbunden fühlt[12]." Dabei ist sich der Konsument seiner Unfreiheit in bezug auf seinen Verbrauch jedoch nicht bewußt, „weil er als „vergesellschaftetes Individuum in diesen Zwang hineingeboren" ist[13, 14]. Diese Gebundenheit der Konsumenten läßt sich in dreierlei Hinsicht feststellen: „Erstens ist der Konsument an die soziale Gruppe, der er sich zugehörig fühlt, und mit der er besonders eng zusammenlebt... gebunden. Zweitens besteht auch eine innere Verbindung zu den ihm unmittelbar übergeordneten, angeseheneren Konsumentengruppen, denen er nachstrebt Und drittens ist er — neben diesen Bindungen, die sich auf die Gegenwart beziehen — dadurch noch weiter gebunden, daß seine Lebenshaltungsvorstellungen aus der Vergangenheit von seinen Vorfahren auf ihn übergegangen sind[15]."

Diese Einsichten machten eine Neugliederung der vom Menschen konsumierten Güter erforderlich[16]. Es ließen sich jetzt einerseits Verbrauchsgüter erkennen, die sozial diktiert *und* nützlich sind und andererseits solche, die zwar ebenfalls sozial diktiert, aber im übrigen sinnlos geworden sind. Ferner ergab sich aus der Tatsache, daß die einzelnen Konsumtionsvorgänge in unterschiedlicher Weise beobachtet werden können, eine weitere Unterscheidung in Güter, deren Konsumtion sich unter den Augen der sozialen Gruppe vollzieht und in andere Güter, deren Konsumtion der Beobachtung entzogen ist.

---

[12] v. Reichenau, Ch.: Probleme... a. a. O., S. 3.
[13] Ebenda.
[14] Im Hinblick auf das Wissen des Verbrauchers um seine Unfreiheit gelangt die Nürnberger Schule zu etwas abweichenden Erkenntnissen, vgl. S. 34 ff., S. 88 f.
[15] Becker, Erika: Konsumtionsveränderung, a. a. O., S. 43.
[16] Vgl. v. Reichenau, Ch.: Probleme der Verbrauchsforschung, a. a. O., S. 3.

Ganz generell wuchs dem Begriff „Lebenshaltung" durch die amerikanische Konsumtheorie, die von deutscher Seite ganz entscheidend durch v. *Reichenau* gefördert wurde, eine weitere Bedeutung zu: Er bezeichnet zwar weiterhin den realen Verbrauch, wie er auch von der Konsumtionsstatistik erfaßt wird, darüber hinaus aber auch die Kollektivvorstellung als sozialpsychisches Phänomen.

In Weiterentwicklung dieser Erkenntnisse behandelte *Becker* dann in ihrer Dissertation die Vorgänge, die sich bei Konsumtionsveränderungen feststellen lassen; denn die Frage, wie es zu derartigen Veränderungen überhaupt kommen kann, wenn der Konsum weithin „diktiert" ist, stellte sich sehr rasch ein[17].

Die amerikanischen Untersuchungen über das Verbraucherverhalten und ihre Ergebnisse wurden im deutschen Sprachbereich — soweit zu erkennen ist — nur von den beiden genannten Autorinnen weiterverfolgt; darüber hinaus fanden sie bis zum Ende des Krieges kaum nennenswerte Beachtung. Neben manchen anderen Gründen lag dies zweifellos auch an der wirtschaftspolitischen Situation der dreißiger Jahre, in der eine Rezeption der amerikanischen Konsumtheorie höchstens zum Zwecke der Verbrauchslenkung hätte erfolgen können[18].

Betrachtet man zusammenfassend die Behandlung, die die Konsumtion und das Verhalten der Menschen als Konsumenten durch die Wirtschaftswissenschaften im Laufe der Zeit erfahren haben, so muß man feststellen, daß seit J. B. *Say* sehr viel über die Notwendigkeit, sich mit diesen Problemen zu beschäftigen, geschrieben worden ist; an die Durchleuchtung dieses Komplexes machte man sich schon mit weit weniger Eifer, aber nur ganz vereinzelt sind praktisch verwertbare Aussagen über das Verbraucherverhalten und seine Bestimmungsfaktoren gemacht worden[19]. Gerade dahin gehen jedoch die Anforderungen, die die

---

[17] Vgl. Becker, Erika: a. a. O.

[18] In diesem Zusammenhang sei es erlaubt, einige Sätze aus der Feder Leopold v. Wieses zu zitieren, mit denen er das Verdienst v. Reichenaus speziell auf dem Gebiet der Konsumtheorie hervorhebt: „... In ihren Schriften schlug sie die Brücke von der Wirtschaftswissenschaft zur Gesellschaftslehre, indem sie besonders die Lehre vom Konsum mit der Theorie der zwischenmenschlichen Beziehungen und der sozialen Gruppen verband. Sie erkannte, wie gerade der Verbrauchshaushalt (besonders der der Familie) eine Fülle von Problemen aufwirft, die nicht nur nach rein ökonomischen Gesichtspunkten zu lösen sind. Von diesem Grundgedanken aus sind u. a. die fesselnden Betrachtungen über den homo extraordinatus und über Abhängigkeit und Selbständigkeit in der Konsumwirtschaft entstanden..." L. v. Wiese in: Kölner Zeitschrift für Soziologie, 5. Jg. Köln und Opladen 1952/53, S. 137.

[19] Hier muß wenigstens Karl Oldenbergs gedacht werden, der schon frühzeitig eine verhältnismäßig umfassende Darstellung der Konsumtion gab und dabei u. a. auf den Zusammenhang zwischen Konsumverhalten und sozialem Status hinweist. Vgl. Oldenberg, Karl: Die Konsumtion, in: Grundriß der Sozialökonomik, II. Abt., I. Teil, 2. Aufl., Tübingen 1923, S. 188 ff.

Wirtschaftspraxis an die Wirtschaftswissenschaften stellt. Die Wissenschaft war jedoch lange Zeit nicht bereit, Kenntnis zu nehmen von den Erfahrungen, Erfolgen und Erfordernissen der Praxis, wie sie das in vielen anderen Bereichen der Wirtschaft mit so großem Gewinn getan hat.

Über die *praktische* Pionierarbeit auf dem Gebiet der Verbrauchsforschung hat *Bergler,* weitgehend aufgrund eigenen Erlebens, berichtet. Danach kam es nur an einer einzigen Stelle in Deutschland vor dem zweiten Weltkrieg auf diesem Gebiet zu einem planmäßigen, dauerhaften und fruchtbaren Zusammenspiel zwischen wissenschaftlichem Erkenntnisstreben und den Anforderungen der Wirtschaftspraxis: Im Institut für Wirtschaftsbeobachtung der deutschen Fertigware an der ehemaligen Handelshochschule Nürnberg[20]. Die wissenschaftlich relevanten Ergebnisse dieser Synthese sind Gegenstand der weiteren Darstellung.

II. Der wissenschaftliche Ausgangsort und die Aufgabe

1. „Marktzwang"

Wenn man es unternimmt, die Bemühungen um ein besseres Verständnis für das Verhalten der Verbraucher im Markte darzustellen, dann muß man sich zunächst Klarheit darüber verschaffen, welche Stellung der Verbraucher in Vershofens Lehre von der Wirtschaft überhaupt einnimmt.

Einen Großteil seiner wissenschaftlichen Arbeit hat Vershofen darauf verwandt, nachzuweisen, daß im Mittelpunkt aller wirtschaftlichen Betrachtung der Mensch zu stehen habe[21]. Er bediente sich der entfaltungsgeschichtlichen Darstellung, indem er einen Entfaltungsprozeß von der einfachsten bis zur kompliziertesten Form als Ganzes ideell-typisch konstruierte. Dabei dürfte, wie Max *Schäfer* feststellt, „von allen früheren Anhängern bzw. Hauptvertretern der sogenannten Entfaltungs- bzw. Schichtentheorie aus benachbarten Fachdisziplinen... der

---

[20] Vgl. Bergler, Georg: Die Entwicklung der Verbrauchsforschung in Deutschland und die Gesellschaft für Konsumforschung bis zum Jahre 1945, Kallmünz/Oberpfalz o. J. (1959)

[21] An sich war diese Erkenntnis durchaus nicht neu, nur ihre Verwirklichung durch die Wissenschaft erschien Vershofen als unzulänglich. — Schon von F. Bastiat (1801—1850) wird überliefert, er habe seinen Schülern als letzte Lehre hinterlassen: „Die Nationalökonomie muß vom Gesichtspunkt des Verbrauchers aus behandelt werden." (Vgl. Ch. Gide und Ch. Rist: Geschichte der volkswirtschaftlichen Lehrmeinungen, 3. Aufl., Hrsg. F. Oppenheimer, Jena 1923, S. 373)

II. Der wissenschaftliche Ausgangsort und die Aufgabe

Philosoph Nic. Hartmann den nachhaltigsten Einfluß auf die Lehrmethode von W. Vershofen ausgeübt haben"[22].

In „Wirtschaft als Schicksal und Aufgabe" (Darmstadt 1930) gab Vershofen in dieser Methode eine Gestaltenlehre des Marktes und legte dar, wie aus der „blutverbundenen Gemeinschaft der isolierten Gruppe die zweckgebundene allumfassende Gesellschaft des Marktes" (S. 291) geworden ist. Damit kann zwar Vershofen in bezug auf die Idee der Entfaltung bzw. Entwicklung schlechthin das „Urheberrecht" nicht zugesprochen werden, aber dieses „Erstlings-Recht (gilt) ... uneingeschränkt hinsichtlich der sowohl methodologischen wie auch didaktischen Nutzbarmachung jener ‚Idee' des unterschiedlichen Form- und Gestaltungswandels der Wirtschaft"[23].

Eine der fundamentalen Voraussetzungen, von denen Vershofen ausging, war die Erkenntnis, daß der Mensch nur in der Gesellung vorstellbar ist und daß es ohne Gesellung weder die Menschheit noch einzelne Menschen gibt; weil aber ohne Wirtschaft keine Gesellung denkbar sei, werde die Erhaltung der Gesellung und damit der Menschheit zum Endzweck der Wirtschaft. „Das besagt aber nicht, daß nur die Wirtschaft diesem Zwecke diene, und schließt damit die Umkehrung aus, der Zweck der Menschheit sei die Wirtschaft[24]."

Bei der Betrachtung der Entfaltungsgeschichte erkannte Vershofen weiter: Eine Entwicklung über die Wirtschaft der blutgebundenen Gruppe hinaus bedingt zwangsläufig auch die Entfaltung des Marktes. Mit „Markt" bezeichnet Vershofen „die Gesamtheit aller Umsatzbeziehungen", deren Gegenstand oder „Marktobjekt" sowohl Waren als auch Dienste oder Chancen sein können. Dieser Markt gewinnt in gleichem Maße an Bedeutung, in dem die Möglichkeiten der Eigenversorgung, d. h. die Deckung aller Bedarfe durch eigene Produktion, abnimmt. Das Zurückgehen der Eigenversorgung aber ist wiederum unmittelbare Folge der zunehmenden Berufsgliederung und Verrichtungsteilung innerhalb der Wirtschaftsform. Als Charakteristikum der modernen Wirtschaft läßt sich so feststellen, daß jeder Beteiligte auf den Markt angewiesen ist, weil er dort die Spezialität seiner Leistung anzubieten und die Varietät seiner Bedarfe nachzufragen hat. Für diese Erscheinung prägte Vershofen zunächst den Ausdruck „Nezessität", um ihn später durch den sehr viel anschaulicheren des „Marktzwanges" zu ersetzen[25].

---

[22] Max Schäfer: Die logische Struktur des Idealtypus bei Max Weber, Walter Eucken und Wilhelm Vershofen, Diss. Nürnberg 1951, S. 76.
[23] Ebenda.
[24] Vgl. Vershofen, Wilhelm: Wirtschaft als Schicksal und Aufgabe, 1. Aufl. Darmstadt 1930, S. 293.
[25] „Wir erkennen also, daß der Mensch der Jetztzeit in den zivilisierten

2. „Gemeinwirtschaft"

Vershofen war jedoch nicht der erste, der dem Phänomen Marktzwang seine besondere Aufmerksamkeit gewidmet hat; er weist selbst darauf hin, daß dieses Verdienst *Rodbertus* zukomme[26], in jüngerer Zeit hatte z. B. *v. Wieser* darauf aufmerksam gemacht[27]. Aber erst Vershofen machte diese Erscheinung zum Zentralpunkt seines theoretischen Systems und leitete aus ihr auch die Bezeichnung für die vorläufig letzte Entfaltungsstufe der Wirtschaft, d. h. für die heute in der westlichen Zivilisation vorherrschende Wirtschaftsform, her. Dabei bezog er sich bewußt auf *Rodbertus*, bei dem sich in diesem Zusammenhang der Begriff „wirtschaftliche Gemeinschaft" findet, und bezeichnet das gegenwärtige Stadium der Entfaltung als „Gemeinwirtschaft"[28]:

„Unter Gemeinwirtschaft verstehen wir also diejenige Form der Wirtschaft, in der jeder einzelne in seinem wirtschaftlichen und damit auch persönlichen Schicksal unlöslich und untrennbar von dem Verhalten aller anderen abhängig ist[29]."

Diese Abhängigkeit als Charakteristikum der heutigen Wirtschaftsform, in der im Gegensatz zur isolierten Gruppe nicht mehr Blutgebundenheit, sondern nunmehr Zweckverbindung herrscht, stellt Vershofen in drei Thesen heraus[30]:

„1. In jeder Wirtschaftsform herrscht Arbeitsteilung. Wird diese Arbeitsteilung zu einer durchgängigen Gliederung der Berufe (meist materialbedingte Sondertätigkeit) und innerhalb dieser wieder zu einer auch

---

Ländern notwendigerweise Marktsubjekt sein muß, weil er zur Erhaltung seines Lebens oder doch der Art und Güte seiner Lebensführung auf Umsatz (d. h. Tausch mittels Geldes, H. M.) angewiesen ist. Wir nennen diese Notwendigkeit und diesen Zwang in besonderer Hervorhebung nach dem lateinischen Wort necessitas „Nezessität". Nezessität bezeichnet die Tatsache, daß kein Mensch sich dem Markte zu entziehen vermag, weil jeder nur eine mehr oder minder zugespitzte Spezialität erzeugt oder leistet, mit der er die Mannigfaltigkeit seiner Bedarfe nicht zu decken vermag." (Wirtschaft als Schicksal und Aufgabe, a. a. O., S. 6)

[26] Vgl. hierzu Vershofen, Wilhelm: Wirtschaft als Schicksal und Aufgabe, a. a. O., S. 183.

[27] Vgl. v. Wieser, Friedrich: Theorie der gesellschaftlichen Wirtschaft, in: Grundriß der Sozialökonomik, I. Abt., 2. Aufl., Tübingen 1924, S. 222; ferner: Halbach, Werner: Carl Rodbertus — Künder der Gemeinwirtschaft. Ein Beitrag zu einer Morphologie der Wirtschaft. Nürnberger Beiträge zu den Wirtschafts- und Sozialwissenschaften, Heft 65/66, Nürnberg 1938.

[28] Vershofen, Wilhelm: Wirtschaft als Schicksal und Aufgabe, a. a. O., S. 184 f.

[29] Diese Abhängigkeit darf jedoch nicht identifiziert werden mit der im Zusammenhang mit der amerikanisch-deutschen Konsumtheorie bereits erwähnten „Gebundenheit" des Konsumenten und auch nicht mit dem später zu behandelnden sozialen Zwang, dem der Mensch als Konsument ausgesetzt ist.

[30] Vershofen, Wilhelm: Wirtschaft als Schicksal und Aufgabe, a. a. O., S. 186.

räumlichen Teilung der Produktionsphasen und der einzelnen Verrichtungen, so ist Gemeinwirtschaft gegeben.
2. Gemeinwirtschaft ist also jene Form der Wirtschaft, in der die Leistungen des einzelnen (Produktion) so spezialisiert sind, daß er seine Bedarfe (Konsumtion) aus ihr nicht unmittelbar — und sei es auch noch so notdürftig — decken kann.
3. Die Umformung der Spezialität der Leistung in die Varietät der Bedarfe geschieht mittels des Verkehrs im Markte. Das Maß der Verteilung sind die in Geld ausgedrückten Preise. Die Verteilung hat also die Form des Umsatzes."

Für Vershofen brachte der Terminus „Gemeinwirtschaft" ganz offensichtlich am besten das Typische der gegenwärtigen Wirtschaftsform zum Ausdruck, so daß er seinetwegen die auch von ihm selbst erwarteten Mißverständnisse in Kauf zu nehmen gewillt war. Denn der allgemeine Sprachgebrauch verband damals und verbindet auch heute noch mit „Gemeinwirtschaft" irgendwie geartete sozialrevolutionäre bzw. sozialreformerische Bestrebungen, „die sich gegen die Privatwirtschaft bzw. deren tatsächliche Rolle im Wirtschaftsleben wenden"[31]; dieser Aspekt spielte bei Vershofen jedoch keinerlei Rolle[32].

In die „Gemeinwirtschaft" als vorläufig letztes Stadium der Entfaltung ist der Mensch nach Vershofen hineingeboren; die auf ihn überkommene Form der Wirtschaft gehört somit zu seinem Schicksal; weil aber ihr künftiges Gepräge bis zu einem gewissen Grade (meist allerdings nur infinitesimal) von seinem Willen abhängt, spricht Vershofen von der „Wirtschaft als Schicksal und Aufgabe". Das mehrfach zitierte Buch dieses Titels sollte ursprünglich überschrieben sein mit „Die Lehre vom Menschen im Markt", doch standen dem verlegerische Gründe im Wege.

3. Die Aufgabe

Weil in Vershofens wirtschaftswissenschaftlichem System der Mensch den Mittelpunkt darstellt, ergab sich einmal aus dem wissenschaftlichen Streben heraus die Aufgabe, dem Tun und Lassen des wirtschaftenden Menschen nachzuspüren, d. h. sein Marktverhalten zu analysieren. Darüber hinaus zeigte die empirische Beobachtung der Wirtschaftspraxis, daß mit der zunehmenden Entfaltung der Arbeits- und Verrichtungsteilung, die in den 20er Jahren dieses Jahrhunderts einen ersten Höhepunkt erreicht hatte, die gesamtwirtschaftliche wie auch die einzelwirt-

---

[31] Müller, Franz: Stichwort „Gemeinwirtchaft", in: Staatslexikon, Hrsg. Hermann Sacher, 5. Aufl., Freiburg 1927, 2. Bd., Sp. 524 f.
[32] Am Rande sei darauf hingewiesen, daß Vershofen sein Seminar an der Hochschule für Wirtschafts- und Sozialwissenschaften bis zuletzt als „Gemeinwirtschaftliches Seminar" bezeichnete; sein Lehrauftrag als Ordinarius galt dabei den „Wirtschaftswissenschaften".

schaftliche Effizienz aller Marktanstrengungen immer mehr abnahm. Nicht zuletzt war es die immer höher entwickelte technische Apparatur, die zu immer stärkerem Absatzdruck und Absatzzwang führte, denen der einzelne Unternehmer ebenso wie die Volkswirtschaft als Ganzes ausgesetzt waren. Volkswirtschaftlich gesehen schlug sich dies in einer abnehmenden Produktivität und einzelwirtschaftlich in der Zunahme der „Tauschreste" nieder.

Vershofen sah die Ursache für derartige Störungen der Marktbeziehungen in dem unzureichenden Wissen über das Marktverhalten der Beteiligten, und zwar insbesondere hinsichtlich des Verhaltens der Verbraucher. Jeder Mensch im Markt gehört heute zwangsläufig zwei unterschiedlichen Gesellungsformen an: Einmal — als Anbieter seiner Leistungsspezialität — einem Betrieb, und zum anderen — als Träger verschiedenster Bedarfe — einem Haushalt. Während jedoch die Gesellung des Betriebes im jeweiligen Betriebszweck gebunden ist, besteht die Bindung im Haushalt regelmäßig in außerwirtschaftlichen Zwecken. Aus der erstgenannten Bindung resultiert nach allgemeiner Auffassung planmäßiges, und damit angeblich rationales Verhalten; mit diesem hat sich die einschlägige Theorie schon sehr eingehend befaßt. Über die Natur der Bindungen, denen der Mensch als Verbraucher unterliegt, und über die sich aus diesen ergebenden Konsequenzen war und ist man weit weniger einheitlicher Meinung. Doch ist man sich nahezu einig in der — als solcher wenig aufschlußreichen — Feststellung, daß der Mensch als Verbraucher „irrational" handle.

Weil in einer freiheitlichen Wirtschaftsordnung der Verbraucher eine, wenn nicht die entscheidende Rolle spielt, erhoffte sich Vershofen aus der Analyse seines Verhaltens eine sehr wesentliche Verbesserung der Markttransparenz. Eine erhöhte Markttransparenz wiederum erschien ihm als unabdingbare Voraussetzung für eine Ökonomisierung aller Marktbeziehungen.

Wenn er bei diesem Bemühen, das er bald als „Wirtschaftsbeobachtung" bezeichnete, infolgedessen vom Verbraucher ausging, so bedeutet dies aber für ihn nicht, daß die praktischen Nutzanwendungen aus seinen Erkenntnissen ausschließlich oder auch nur überwiegend dem Verbraucher zugute kommen sollten. Im Hinblick darauf aber, daß heute in der Marktforschung noch nahezu allein die Interessen derjenigen vertreten werden, die sich gewerbsmäßig im Markte betätigen, scheint es doch von Wichtigkeit zu sein, darauf hinzuweisen, daß Vershofen von Beginn seiner Arbeit an immer auch den Belangen der Verbraucher große Aufmerksamkeit entgegengebracht hat[33].

---

[33] Vgl.: Bergler, Georg: Die Entwicklung ... a. a. O., S. 60 f.

4. Theorie und Empirie

Zunächst aber beruhten Vershofens Forschungen nicht so sehr auf dem Wunsche, den verschiedenen Marktpartnern *unmittelbare* und möglichst konkrete Unterstützung angedeihen zu lassen: „Man wolle aber einem solchen zweifellos wichtigen Ergebnis nicht entnehmen, daß Verbrauchsforschung lediglich der Nützlichkeit wegen betrieben werden müsse, die sie für wirtschaftspolitisches Handeln, für die Absatzplanung und nicht zuletzt für den Verbraucher selbst im Sinne der Selbsterkenntnis besitzt, obwohl sie für alle diese Gebiete Beachtliches, vielleicht Unentbehrliches zu leisten vermag. Aber sie ist auch eine Wissenschaft für sich, und wie jedes echte wissenschaftliche Bemühen trägt sie ihren Hauptlohn in sich, indem sie unsere Erkenntnis über den Menschen in seiner gesellichen Verbundenheit erweitert[34]." Und rückblickend glaubt Vershofen, das Dominieren des wissenschaftlichen Interesses an einer Aufhellung des Verbraucherverhaltens und die eigenständige Arbeitsweise hierbei erneut besonders betonen zu müssen, wenn er feststellt:

„Es dürfte angebracht sein, den Leser nicht darüber in Unkenntnis zu lassen, daß die deutsche Verbrauchsforschung, deren Beginn bei dem im Jahre 1919 in seinen Anfängen gegründeten Institut für Wirtschaftsbeobachtung der deutschen Fertigware an der Nürnberger Hochschule liegt, zunächst gar nichts mit den amerikanischen Bestrebungen und Verfahren auf diesem Gebiet zu tun hatte. Es waren auch keine Bedürfnisse der Praxis (!), die nach dem ersten Krieg die Nürnberger Schule veranlaßten, sich diesem Gebiet zuzuwenden. Man fand vielmehr die bisherigen Ausrichtungen in der Forschung nicht für zureichend, um die wirtschaftliche Wirklichkeit zu verstehen und zu erklären. Man sah sich vor die Notwendigkeit gestellt, das Verhalten des Verbrauchers, der Instanz also, welche die letztlich maßgebenden Marktentscheidungen fällt, besser zu verstehen, als es bisher der Fall gewesen war[35]."

Nur hinsichtlich des institutionellen Rahmens für seine spezielle Arbeit ging Vershofen schon früh eine Verbindung mit der Wirtschaftspraxis ein, als er das erwähnte Institut gründete[36]. Schon seit 1919 hatte er, nachdem er bis zu seiner Berufung an die damalige Handelshochschule in Nürnberg Geschäftsführer verschiedener Verbände der keramischen Industrie gewesen war, die große Bedeutung erkannt, die der systematischen Durchleuchtung sowohl des Inlands- als auch des

---

[34] Vershofen, Wilhelm: Handbuch... a. a. O., S. 65; „gesellich" verwendete Vershofen bewußt als Übersetzung von „socialis", während er „sociabilis" mit „gesellig" zu übersetzen pflegte.

[35] Derselbe: Die Marktentnahme als Kernstück der Wirtschaftsforschung, Berlin-Köln 1959, S. 76.

[36] Vgl. hierzu: o. V.: Zwanzig Jahre IfW, in: Markt und Verbrauch, Berlin (11. Jg.) 1939, S. 436 ff.; ferner: Gesellschaft für Marktforschung Zürich (Hrsg.): Marktforschung in Deutschland. Die Nürnberger Schule. o. O. (Zürich) 1941, S. 10 ff., speziell S. 17.

Auslandsmarktes gerade in jener Zeit für die deutsche Industrie generell zukam. Aus diesem Grunde hatte er im Auftrage der Porzellanindustrie eine Abteilung für Absatzstatistik und Marktbeobachtung aufgebaut, die insbesondere in der Inflationszeit von größter Wichtigkeit wurde. Diese Abteilung war die Urzelle des „Instituts für Wirtschaftsbeobachtung", zu dessen Gründung es im Rahmen der Handelshochschule 1925 kam.

Die Aufträge der Porzellanverbände, die nun ihre Statistik und Marktbeobachtung durch das Hochschulinstitut betreiben ließen, stellten den Rückhalt dar für die zusätzlichen praktischen und wissenschaftlichen Forschungsaufgaben; schon bald nahmen interessierte Verbände und einzelne Firmen anderer Branchen die Dienste des Instituts in Anspruch — neben die Erfassung und Analyse allgemeiner Marktdaten zur Erhöhung der Markttransparenz traten die Kostenforschung und die Durchführung von Betriebsvergleichen; immer aber blieb die Arbeit des Instituts auf den Bereich der Fertigwaren, speziell der Konsumfertigwaren beschränkt.

Für ein Institut einer Hochschule ergaben sich darüber hinaus aber weitere Pflichten im Hinblick auf wissenschaftliche Forschung und Lehre, und so kann man den gesamten Aufgabenkreis des damaligen Instituts wie folgt zusammenfassen:

„1. Durchführung von Untersuchungen und fortlaufenden Beobachtungen auf dem Gesamtgebiet der deutschen Fertigwarenwirtschaft (Industrie, Großhandel, Einzelhandel und letzter Verbrauch im Binnenmarkt wie im Export);
2. Auswertung der Beobachtungsergebnisse für die Wirtschaftstheorie;
3. Einführung von Anfängern in das Studium der Wirtschaftswissenschaften auf dem Wege praktischer Übungen...;
4. Ausbildung von Diplomkaufleuten und Diplomhandelslehrern für allgemeine und spezielle Beobachtungsaufgaben...[37]."

Damit war das Institut das erste seiner Art speziell für Markt- und Absatzforschung in Deutschland[38]. In seinem Rahmen gewann die Verbrauchsforschung als besondere Sparte zwar erst allmählich breiteren Raum, doch in der 1929 gegründeten Institutszeitschrift „Der Markt der Fertigware. Zweimonatsschrift für Markt- und Betriebsbeobachtung"[39] kommt sie von Anfang an zu Wort. Nachdrückliche Impulse

---

[37] o. Vf.: Studium und Ausbildung am Institut für Wirtschaftsbeobachtung, in: Markt und Verbrauch, Berlin 1939, S. 125.
[38] Über die weitere Entwicklung vgl. u. a.: Schäfer, Erich: Grundlagen der Marktforschung, 3. Aufl., Köln und Opladen 1953, S. V ff. und Bergler, Georg: Die Entwicklung... a. a. O.
[39] Ab 1933 lautete der Titel der Zeitschrift „Die deutsche Fertigware" (Erscheinungsort Stuttgart) und ab 1939 „Markt und Verbrauch" (Erscheinungsort Berlin).

gingen dann von der Veröffentlichung einer Denkschrift aus, in der Vershofen aufgrund seiner deduktiv gewonnenen Erkenntnisse auf die Bedeutung der Verbrauchsforschung als einer neuen Forschungsspezialität für die Wirtschaftspraxis, und zwar sowohl unter einzelwirtschaftlichem als auch unter gesamtwirtschaftlichem Aspekt, aufmerksam macht. Seine Absicht war dabei zweifellos, wenn auch unausgesprochen, der Wunsch, aufgrund der für die Wirtschaftspraxis durchgeführten Forschungsaufgaben zu wissenschaftlich auswertbarem Material zu gelangen, und diese Hoffnung erfüllte sich im Laufe der Zeit auch in reichem Maße.

Mit der erwähnten Denkschrift wurde der Anstoß gegeben für die Institutionalisierung der Verbrauchsforschung in Deutschland, die in Nürnberg erfolgte mit der Gründung der „Gesellschaft für Konsumforschung e. V."[40]; diese stand von Anfang an sowohl in personeller als auch in sachlicher Hinsicht in engstem Zusammenhang mit dem Institut für Wirtschaftsbeobachtung.

„Konsumenten-Befragung auf breiter Basis" — so lautet der Titel der vom 8. August 1934 datierten Denkschrift; weil sie ein wichtiges Dokument in der Geschichte der deutschen Verbrauchsforschung darstellt, sollen hier einige grundsätzliche Ausführungen daraus zitiert werden[41]:

„In der Gegenwart setzt sich die Erkenntnis immer mehr durch, daß der wirtschaftlich ausschlaggebende Faktor der Konsument im Sinne des letzten Verbrauchers ist. Von seiner Haltung, seinen Gewohnheiten und seinen Marktentscheidungen hängt zuletzt das Schicksal aller Produkte ab, die für den Markt, d. h. für den Verkauf hergestellt worden sind ... In jenen Kreisen allerdings, die es mit dem Verkauf an den Konsumenten zu tun haben, hat es immer als selbstverständliche Regel gegolten, daß alle Absatzwerbung identisch sein müßte mit Konsumentenbeeinflussung und daß die Haltung des Konsumenten gegenüber den mannigfachen Angeboten der ausschlaggebende Marktfaktor sei.

Die Wirtschaftsbeobachtung, die ja primär und wesentlich Marktbeobachtung ist, hat von Anfang an begriffen, wie wichtig Haltung und Urteil des Konsumenten sind, sie hat aber außer gelegentlichen Anfängen ... bis jetzt eine systematische Beobachtung der Konsumentenhaltung nicht durchführen können ...

Die Schwierigkeit der Beobachtung der Konsumentenhaltung liegt eben darin, daß sie kein berechenbares Geschehen darstellt, und daß der wirklich urteilsfähige Konsument, dessen Urteil nicht für seine eigene Person, sondern für weitere Kreise zutreffend ist, schwer zu finden und noch schwerer zu veranlassen ist, seine Erfahrungen bekanntzumachen. Weil der ‚typische' Konsument zwar vorhanden, aber nicht nachweisbar ist, deshalb konnte die Marktbeobachtung bis jetzt über das oben geschilderte in bezug auf die Konsumen-

---

[40] Vgl. Bergler, Georg: Die Entwicklung ... a. a. O.
[41] Quelle: Bergler, Georg: Die Entwicklung ... a. a. O., S. 81 ff.

tenhaltung nicht hinauskommen. Damit aber ist nicht gesagt, daß es nicht dennoch möglich wäre, ein Konsumentengremium von genügender Stärke und genügender Urteilsfähigkeit zu bilden, das einmal laufend über einen bestimmten Kreis von Marktobjekten, also etwa monatlich, an eine neutrale Stelle berichtete und das außerdem gelegentlich Fragebogen dieser Stelle zu beantworten in der Lage wäre[42]."

Es folgen in der Denkschrift dann schon recht konkrete Vorschläge für den Aufbau einer speziellen Organisation, mit deren Hilfe man hoffte, auf empirischem Wege neue Einsichten über das Verbraucherverhalten zu gewinnen; bereits der Titel brachte zum Ausdruck, daß man sich dabei der Befragung als Erhebungsmethode zu bedienen gedachte.

Eine ausführliche und kompetente Interpretation der Denkschrift gab *Krieger* schon 1935; in der darin geschilderten Art und Weise erfolgte im wesentlichen die Umsetzung in die Praxis[43]. Zunächst umreißt auch Krieger das angestrebte konkrete Ziel nochmals an Hand einiger Beispiele:

„So wollen wir z. B. von dem letzten Verbraucher erfahren, warum sich seine Gunst von bestimmten Objekten seines Bedarfes plötzlich abwendet zugunsten anderer Marktobjekte, warum ohne rational irgendwie erklärbaren Grund gewisse Bedarfsströmungen in Form von Moden im weitesten Sinne auftreten, und wir wollen gleichzeitig für diese Schwankungen in der Bedarfsdeckung aus der unbeeinflußten Schilderung des Konsumenten, somit frühzeitig genug, Anzeichen und Warnungen erhalten. Wir wollen weiterhin feststellen, wie der letzte Verbraucher durch die Reklame beeinflußt wird, wie er sich zu dem Qualitätsgedanken verhält, welchen Einfluß z. B. die räumliche Lage bestimmter Verteilungsstellen auf ihn auszuüben vermag...[44]"

Dabei sollte das Verbraucherverhalten bei der Bedarfsdeckung zunächst nur für eine kleine Anzahl von Marktobjekten beobachtet werden.

Im ersten Kapitel seiner Arbeit schildert Krieger die Stellung des Konsumenten im Markte der Gemeinwirtschaft, wobei er sich schon auf wesentliche Erkenntnisse seines Lehrers Vershofen stützen kann. Im zweiten Kapitel werden sowohl die Ansatzpunkte einer Konsumfor-

---

[42] Mit seinem Vorschlag zur Bildung von Konsumentengremien nahm Vershofen gedanklich bereits voraus, was erst nach dem zweiten Weltkrieg auch in Deutschland zur Einrichtung von Panel-Untersuchungen führen sollte. Vgl. hierzu etwa: Meyer, Paul W.: Verhaltensbeobachtung und Stimmungsanalyse. Ein Beitrag zu den Methoden der Marktforschung, in: Der Mensch im Markt, eine Festschrift zum 60. Geburtstage von Georg Bergler, hrsg. v. Wilhelm Vershofen u. a., Berlin 1960, S. 375 ff.

[43] Krieger, Thilo: Konsumenten-Befragung — praktische Marktforschung zur Ermittlung der Haltung des letzten Verbrauchers, Nürnberg 1935; auf diese Quelle stützen sich die folgenden Ausführungen, soweit keine andere Angabe erfolgt.

[44] Ebenda, S. 55.

schung als auch die Methoden hierfür dargestellt; dieser Teil ist praktisch ein Katalog aller theoretisch möglichen Verfahren, die auf ihre Anwendbarkeit hin geprüft — und bis auf ein einziges sämtlich verworfen werden[45]. Es wird dabei durchaus objektiv gewertet, so daß die Aussagen auch heute noch gültig sind, aber es überrascht doch nicht, wenn am Ende die schon im Titel der Denkschrift angedeutete Methode als die allein sinnvoll erscheinende übrigbleibt: die direkte Befragung des Marktsubjektes in persona. Auch hier werden aber die Fehlermöglichkeiten nicht beschönigt, und es tauchen Gesichtspunkte auf, die sehr viel später mit großem Aufwand erneut diskutiert werden sollen: Der Einfluß der Befragungspersonen und deren Schulung, die Bedeutung des Fragebogens und die von ihm ausgehenden Wirkungen, die Beobachtung der befragten Person quasi am Rande der Befragung, die Wichtigkeit des Gespräches und das Belassen der Initiative bei der Auskunftsperson — alle diese Probleme werden damals schon deutlich gesehen; zusammenfassend läßt sich feststellen, daß bereits alle Elemente genannt werden, die das Wesen der später als „Nürnberger Befragungsgespräch" bezeichneten Erhebungsmethode ausmachen[46].

Im dritten Kapitel schließlich gibt Krieger detaillierte Vorschläge für die Organisation der Konsumenten-Befragung; es war vorgesehen und wurde dann auch verwirklicht die Errichtung eines Netzes von Vertrauensleuten („Korrespondenten"), die jeweils eine mehr oder weniger große Zahl von Konsumenten aufgrund genauer Anweisungen zu befragen hatten.

Wenn auch sowohl die Denkschrift selbst als auch deren Interpretation durch Krieger einen gewissen Optimismus und die Freude an einer neuen Idee ausstrahlen, so war man sich andererseits doch über die Grenzen dieser neuen Forschung im klaren: „Wir sind uns dessen bewußt", schreibt Krieger, „daß wir nie in der Lage sein werden, den Bedarf, soweit er auf der im Irrationalen begründeten Haltung des Verbrauchers beruht, völlig zu erforschen"[47].

Hatte Vershofen in bezug auf seine eigenen Forschungen jede amerikanische Beeinflussung bis zur Zeit des zweiten Weltkrieges immer wieder verneint[48], so findet sich bei Krieger in der Ausarbeitung konkreter Arbeitsunterlagen oft die Bezugnahme auf ausländische Quellen; die wichtigsten Autoren waren dabei vor allem W. I. *King*, H. *Kyrk*,

---

[45] Vgl. Krieger, Thilo, Konsumenten-Befragung, a. a. O., S. 56.
[46] Vgl. hierzu u. a. *Schweiger*, Karl: Über die Grenzen der Befragungsmethoden in der Meinungs- und Verbrauchsforschung, Diss. Nürnberg 1953.
[47] Krieger, Thilo: a. a. O., S. 30; vgl. ferner: Bergler, Georg: Die Entwicklung... a. a. O., S. 63.
[48] So zuletzt in: Vershofen, Wilhelm: Warum? Die alte Frage, in: Jahrbuch der Absatz- und Verbrauchsforschung, 6. Jg., 1960 (Kallmünz/Opf.), S. 84.

4. Theorie und Empirie

P. *Nystrom*, W. C. *Waite* und aus dem deutschen Bereich u. a. *Kropff, Moede, Oldenberg* und *Sandig*.

Es wurde bereits festgestellt, daß in den frühen Dokumenten über die empirische Verbrauchsforschung in Deutschland, und dies bedeutet im speziellen Fall in Nürnberg, auch schon zahlreiche methodische Probleme mehr oder weniger ausführlich behandelt worden sind; deshalb ist es um so auffälliger, daß ein ganz besonders wichtiger Faktor an keiner Stelle auch nur beiläufig erwähnt wird. Dabei war man immer davon ausgegangen, daß die durch die Konsumenten-Befragung gewonnenen Ergebnisse als Erkenntnisse über das Verhalten des *typischen* Verbrauchers einer bestimmten Ware oder Leistung gegenüber verallgemeinert und für eine jeweils näher zu bestimmende Gruppe von Verbrauchern als gültig angesehen werden können sollten. Damit bediente man sich — zwar nicht expressis verbis aber in praxi — eines Verfahrens, das zwar in der allgemeinen Statistik längst, wenn auch nicht unbestritten, Eingang gefunden hatte, das aber im Bereich der Markt- und Verbrauchsforschung noch etwas gänzlich Neues darstellte.

Aus vielerlei Gründen war ja eine Vollerhebung ganz allgemein zur Gewinnung von Daten im Rahmen der Marktforschung und speziell zur Aufhellung des Verbraucherverhaltens undenkbar, und deshalb mußte man zwangsläufig — wollte man den Vorschlag der Konsumenten-Befragung verwirklichen — mit Teilerhebungen, und das heißt in diesem Falle mit „Repräsentativerhebungen" arbeiten[49]. Weil die Einführung der repräsentativen Auswahl zu jener Zeit (in der Mitte der dreißiger Jahre) in der Tat als ein fundamentaler Fortschritt in methodischer Hinsicht anzusehen ist, sei hier kurz auf ihre Grundlagen eingegangen[50].

Bei der repräsentativen Teilerhebung stellt die Teilmasse ein getreues Abbild der Gesamtmasse dar; dies wird erreicht, indem man die Elemente der ersteren aus den Elementen der letzteren so auswählt, daß die jeweiligen Anteile einander entsprechen. Aufgrund des Repräsentationsschlusses erscheint so eine Übertragung bestimmter, bei der Teilmasse ermittelter Verhältnisse auf die Grundgesamtheit zulässig; doch ist die Übereinstimmung stets nur eine *wahrscheinliche*.

---

[49] Noelle-Neumann und Behrens sehen in der Einführung der Stichprobentheorie und ihrer Anwendung geradezu das Charakteristikum einer bestimmten Entwicklungsstufe der Marktforschung. Vgl. hierzu: Noelle-Neumann, E.: Spekulative oder exakte Marktforschung? Über den Stand der methodischen Entwicklung, in: Die Anzeige, Reutlingen 1958, S. 194 ff., und hierauf aufbauend: Behrens, K. Ch.: Demoskopische Marktforschung, Wiesbaden 1961, S. 29 ff.

[50] Vgl. Nicolas, Marcel: Die Bedeutung der Repräsentativstatistik für die Meinungs- und Marktforschung, in: Zeitschrift für handelswissenschaftliche Forschung, Köln und Opladen 1952, S. 115.

Für die Anwendung des Repräsentationsschlusses im Bereich der Verbrauchsforschung ist die — je nach Untersuchungsgegenstand mehr oder weniger ausgeprägte — Gleichförmigkeit des Konsumentenverhaltens eine unabdingbare Voraussetzung; m. a. W., ohne diese ist keine Repräsentanz denkbar, denn das exakte Vorhandensein der Auswahlelemente allein genügt eben nicht.

Andererseits aber ist zu bedenken, daß es der Verbrauchsforschung von jeher gerade um diese Gleichförmigkeiten zu tun war[51]; wenn die Gesamtheit der Verbraucher nur aus extremen Individualisten (im Hinblick auf ihr Konsumverhalten) bestünde, wäre das Aufsuchen von Gemeinsamkeiten a priori sinnlos. Somit enthält die Konsumforschung schon in ihrer Idee die Hypothese von gewissen Gleichförmigkeiten. Was dabei als „repräsentativ" anzusehen ist, erläutert Proesler: „Als repräsentativ zeichnen wir nun solche Bedarfsäußerungen aus, welche innerhalb einer Verbrauchergruppe mit im wesentlichen übereinstimmender Begründung so häufig auftreten, daß sie als symptomatisch angesprochen werden können, und die zugleich für eine positive oder negative Marktentscheidung ausschlaggebend ins Gewicht fallen. ... Derartige Motive sind charakteristisch für bestimmte, mehr oder minder umfang- und einflußreiche Konsumentengruppen in bezug auf deren übliches Verhalten gegenüber einem Marktgegenstand bzw. Dienst, welcher unter Umständen auch die Gattung, der er angehört, hinreichend zu vertreten vermag[52]."

III. Zur Terminologie

Nachdem geschildert wurde, wie sich in der „Nürnberger Schule" theoretische und empirische Forschung verbanden, müssen nun einige grundlegende Begriffe kurz erläutert werden; dabei erweist es sich als zweckmäßig, vom „Verbrauch" auszugehen, weil dieser der neuen Forschungsrichtung den Namen gegeben hat.

In einer ausführlichen Studie, die Vershofen für die deutschsprachige Wissenschaft erschlossen hat[53], stellt *Aspeslagh*[54] sowohl in historischer

---

[51] Vgl. hierzu: Bergler, Georg: Meinungsforschung und Verbrauchsforschung, in: Jahrbuch der Absatz- und Verbrauchsforschung, 1. Jg., Heft 1, Juli 1954, S. 9, ferner derselbe: Die Entwicklung ... a. a. O., S. 59.

[52] Proesler, Hans: Ansatzpunkte für die psychologische Betrachtungsweise in der Verbrauchsforschung, in: Markt und Verbrauch, 13. Jg., Berlin 1941, S. 233; ferner: Kropff, H. F. J.: Die psychologische Seite der Verbrauchsforschung, Leipzig 1941, S. 83.

[53] Vgl. Vershofen, Wilhelm: Handbuch der Verbrauchsforschung, 1. Band Grundlegung, Berlin 1940, S. 16 ff.

[54] Aspeslagh, Ferd. M.: De Consumptieleer en, meer in 't bijzonder, Het Consumptiebegrip in de economische Theorie, Turnhout 1938.

Folge als auch in einer sich anschließenden Systematik die in der wirtschaftswissenschaftlichen Literatur auftretenden Definitionen des Begriffes Konsumtion zusammen, wobei er „Consumptie" und „Verbruik" synonym verwendet. Im Ergebnis seiner Untersuchung kommt er zu der überzeugenden Feststellung, daß die Sphäre des Verbrauches dort beginnt, wo ein Gut den Markt verläßt. Dieses Ausscheiden von Gütern aus der Umsatzsphäre, für welche Zwecke auch immer es geschieht, bezeichnet er als „Marktafname" (Marktentnahme) und als Verbrauch in der engeren Begriffsbestimmung[55]; der weitere Begriff schließt dagegen auch noch die Handhabung bzw. Verwendung der Güter ein. Weiterhin unterscheidet Aspeslagh — von dem Vershofen sagt, sein Beitrag zur Begriffsklärung im Rahmen der Verbrauchsforschung sei richtungweisend — zwischen technischem und persönlichem Verbrauch, wobei er jenen dem gewerblichen, diesen dem privaten Bereich des Marktsubjektes zurechnet.

Aspeslagh bezieht sich in seinen Untersuchungen mehrfach auf frühere Veröffentlichungen Vershofens und der „Nürnberger Schule"[56]; tatsächlich gelangt Vershofen selbst im Hinblick auf die Begriffsabgrenzung — allerdings auf methodisch anderem Wege — zu ganz ähnlichen Ergebnissen wie Aspeslagh. Während dieser seine Definition des Verbrauches quasi konstruierte, wendet Vershofen seine Methode der ideell-typischen Entfaltung an. Auch bei ihm setzt sich der Verbrauch aus zwei Elementen zusammen: 1. aus der Verwandlung des Geld-(Nominal-)einkommens durch Marktentnahme in Realeinkommen, und 2. Verwendung dieses Realeinkommens in der Haushaltung.

Im Gegensatz zu Aspeslagh will Vershofen jedoch unter „Verbrauch" nur den Übergang von Gütern (und Leistungen) aus dem Markt in die *private* Sphäre und die dortige Verwendung verstanden wissen; für den gewerblichen Bereich schien ihm die Verwendung des Begriffes „*Gebrauch*" sinnvoller zu sein:

„... Der Unterschied zwischen den beiden Ausdrücken soll dabei lediglich der sein, daß als Verbrauch alles dasjenige bezeichnet wird, was ein Marktsubjekt persönlich zur Erhaltung seiner selbst und seiner Leistungsfähigkeit zu benötigen glaubt. Gebrauch dagegen ist alles das, was das Individuum zur Leistung der Spezialität benötigt, die ihm im Markt anheimgefallen ist. Mit den Sachen des Gebrauchs übt er seinen Beruf aus, mit den Sachen des Verbrauchs deckt er die Bedarfe seiner Person. — Die Grenze zwischen Objekten des Gebrauchs und Objekten des Verbrauchs ist fließend[57]."

---

[55] Vgl. Aspeslagh, Ferd. M.: a. a. O., S. 216 f.
[56] Soweit zu erkennen ist, verwendet Aspeslagh als erster den Begriff „Nürnberger Schule" für Vershofen und seine Mitarbeiter und Schüler.
[57] Vershofen, Wilhelm: Wirtschaft als Schicksal und Aufgabe, a. a. O., S. 42.

Abgesehen jedoch davon, daß sich diese letztere begriffliche Unterscheidung[58] nicht durchzusetzen vermochte[59], begab sich Vershofen damit auch der Möglichkeit, Güter für mehr- oder vielmalige Benützung in beiden Bereichen als *Gebrauchsgüter*, die anderen als *Verbrauchsgüter* zu bezeichnen.

Aus dem Verbrauchsbegriff, wie ihn Vershofen faßte, ergaben sich dann Gegenstand und Aufgabe der Verbrauchsforschung: sie versucht, die Faktoren, die bei der Marktentnahme von Gütern und deren Verwendung im privaten Bereich des Marktsubjektes von Bedeutung sind, aufzuzeigen, zu analysieren und so weit wie möglich zu systematisieren. Eine Analyse der Güterentnahme zum Zwecke der Verwendung im gewerblichen Bereiche, also in seiner Terminologie eine „Gebrauchsforschung", erschien Vershofen am Ende der dreißiger Jahre nicht erforderlich[60]; einen möglichen Zusammenhang mit der Verbrauchsforschung sah er zudem nur in methodischer Hinsicht.

Sowohl die Marktentnahme als auch die Verwendung der Güter stellen selbst wieder höchst komplexe Vorgänge dar; mit der Erforschung der Verwendung beschäftigt sich die Verbrauchsforschung allerdings nur insoweit, als durch sie die Marktentnahme beeinflußt wird. Als *Markt* ist in der entfalteten Gemeinwirtschaft (im Sinne Vershofens) die Gesamtheit aller Umsatzbeziehungen anzusehen. Diese werden nun *insbesondere* bestimmt durch die jeweiligen Angebots- und Nachfrageverhältnisse, die sich aus dem *Marktzwang*, dem alle Individuen einer Sozietät unterworfen sind, herleiten. Zur Marktentnahme als Auswirkung einer Nachfrage kommt es dann, wenn durch sie ein Bedarf gedeckt werden kann. Dieser setzt sich wiederum zusammen aus einem oder mehreren Bedürfnissen und dem Vorhandensein der entsprechenden Kaufkraft („Generaltauschware"); Voraussetzung dafür, daß ein Bedürfnis über die Verdichtung zum Bedarf zu einem Agens des Marktgeschehens wird, ist aber ferner das Wissen des Individuums um die Möglichkeit bzw. die Annahme, den Bedarf im Markte decken, d. h. das Bedürfnis mit *wirtschaftlichen* Mitteln befriedigen zu können. Für Vershofen geschieht bei der Verwandlung der Bedürfnisse in Bedarfe „der Übergang aus dem Kreis des Persönlich-Seelischen in den des Überpersönlich-Gesellichen[61]."

---

[58] Sie stand im Gegensatz zu der seit Oldenberg allgemein verwendeten Terminologie; vgl. Oldenberg, Karl: Die Konsumtion, in: Grundriß der Sozialökonomik, a. a. O.
[59] Vgl. v. Reichenau, Charlotte: Probleme der Verbrauchsforschung, a. a. O., S. 5.
[60] Vgl. Vershofen, Wilhelm: Handbuch... a. a. O., S. 58 f.
[61] Ebenda, S. 14.

III. Zur Terminologie

Die Versuche in der Literatur, Wesen und Ursachen der Bedürfnisse zu ergründen und zu systematisieren, waren schon zu Beginn der dreißiger Jahre kaum mehr überschaubar. Krieger[62] behandelt eine Reihe der ihm für sein Vorhaben besonders bedeutsam erscheinenden Erklärungsversuche[63], kommt aber zu der resignierenden (?) Feststellung, daß die Schwierigkeiten unüberwindlich seien, „weil im Zusammenhang hiermit regelmäßig die im Bereich des Wirtschaftlichen unlösbare Frage nach dem Sinn des Lebens erörtert werden muß"[64].

Aus Kriegers Feststellung, daß bei der Bildung des Bedarfes eine irrationale Unbekannte, das Bedürfnis, von bestimmendem Einfluß sei, ergibt sich zwangsläufig die Erkenntnis, „daß wegen des wenig faßbaren Charakters dieses Faktors auch das ganze Produkt des menschlichen Bedarfes irrational und willkürlich werden (muß). Es kann somit gesagt werden, daß die Rechenhaftigkeit und Planung einer Bedarfsdeckungswirtschaft scheitert an der irrationalen Komponente"[65].

„... Auch ist es von besonderem Interesse für die theoretische Einsicht, die gerade auf diesem Gebiet (dem Markt für Hausratware — H. M.) sehr schwankende Haltung des Konsumenten zu beobachten und auf ihre Motive hin zu untersuchen[66]."

Diese Feststellung Vershofens aus dem Jahre 1929 ist ein Beweis dafür, wie frühzeitig er die Notwendigkeit erkannt hatte, neben der reinen Verhaltensbeobachtung auch die Beweggründe oder Motive der Verbraucher zu erforschen; er wählte für dieses Bemühen zunächst die Bezeichnung „qualitative Verbrauchsforschung", weil sie das Quale (die Wie-Beschaffenheit) der Motive bei der Auswahl der Handlungen zum Gegenstand hat; die Verhaltensbeobachtung, die vieles mit der Statistik gemeinsam hat, nannte er „quantitative" Forschung[67].

---

[62] Krieger, Thilo: a. a. O., S. 22 ff.
[63] So diejenigen von McDougall, Müller-Freienfels, Oppenheimer, Gurewitsch, Oldenberg, Becher, Tiburtius, Nicklisch und Nyström, vgl. a. a. O., S. 22 ff.; aus neuester Zeit liegt wieder ein Versuch vor: Scherhorn, Gerhard: Bedürfnis und Bedarf. Sozialökonomische Grundbegriffe im Lichte der neueren Anthropologie, Berlin 1959.
[64] Krieger, Thilo: a. a. O., S. 23.
[65] Ebenda, S. 26; es verdient in diesem Zusammenhang und auch im Hinblick auf spätere Ausführungen (vgl. S. 75 ff.) die Tatsache besondere Beachtung, daß Krieger nicht von der Unmöglichkeit schlechthin, den Bedarfskomplex zu durchleuchten, spricht, sondern nur auf die Unmöglichkeit der rechenhaften und planmäßen Erfassung hinweist; anderenfalls wären auch die sich unmittelbar anschließenden Darlegungen wenig sinnvoll.
[66] Vershofen, Wilhelm: Geleitwort zum 1. Jahrgang der Zeitschrift „Der Markt der Fertigware", Nürnberg 1929, S. 1 f.
[67] Derselbe: Tatsachen und Meinungen, in: Markt und Verbrauch, 13. Jg., Berlin 1941, S. 118 ff.

III. Zur Terminologie

Das Verhalten der Verbraucher setzt sich bekanntlich aus Meinungen und Handlungen (bzw. Unterlassungen) zusammen; Meinungen können wieder unterschieden werden in Sachangaben und Werturteile[68]. Es ist offensichtlich, daß das Verbraucherverhalten sehr viel besser zu erklären ist, wenn man über die zu beobachtenden Vorgänge hinaus Aufschluß erhält über den Prozeß ihres Zustandekommens. Letztlich handelt es sich dabei um *das* Grundproblem der Verbrauchsforschung schlechthin, nämlich um die Frage, wie sich Seelisches in Wirtschaftliches umzusetzen vermag[69]. Damit hier der Wirtschaftswissenschaftler grundlegende Einsichten gewinnen konnte, war es notwendig, daß der Psychologie — wenn auch zum Entsetzen mancher Fachkollegen — die Tore geöffnet wurden[70]; die Soziologie gehörte für Vershofen ohnehin unabdingbar zum Verständnis des Wirtschaftsgeschehens.

Bei der Motivforschung, wie sie Vershofen und seine Mitarbeiter auffaßten, handelte es sich von Anfang an „nur" um eine Erforschung und insbesondere Ordnung der Motive bei der Kaufentscheidung und *nicht* „um den Versuch, in psychologischer oder sogar psychoanalytischer Betrachtungsweise die Entstehung der Bedürfnisse zu ergründen"[71]. Es ist sicherlich kein Zufall, daß Vershofen diese Klärung im Schrifttum erst zu einem relativ späten Zeitpunkt vornimmt; sie erfolgte, als es notwendig geworden war, die in Nürnberg betriebene Motivforschung entschieden zu distanzieren von der in dieser Form aus Amerika eingeführten Motiv- bzw. Motivationsforschung. Der Grund dafür, daß diese Abgrenzung erforderlich wurde, liegt in der seit jeher vertretenen Auffassung über die Grenzen der Verbrauchsforschung; sie wurzelt letztlich in außerökonomischen Bereichen. Im Gegensatz zur „modernen" Motivforschung ist man nämlich in Nürnberg immer der Meinung gewesen, daß die Wirtschaft keinen Anspruch auf den ganzen Menschen besitze, und man hat deshalb die Entschleierung des Unbewußten für ökonomische Zwecke mit aller Schärfe abgelehnt[72].

---

[68] Vgl. hierzu Proesler, Hans: Ansatzpunkte für die psychologische Betrachtungsweise in der Verbrauchsforschung, a. a. O., S. 226 ff.

[69] Vgl. Vershofen, Wilhelm: Handbuch... a. a. O., S. 69. Linhardt weist jedoch darauf hin, daß diese Formel durch eine andere Feststellung auch umgekehrt werden müsse, die Verbrauchsforschung also auch zu klären habe, wie Wirtschaftliches in Seelisches umgesetzt wird. Vgl. Linhardt, Hanns: Buchbesprechung, in: Jb. f. NÖ. u. Stat., Band 152, Jena 1940, S. 603 ff.) Die Arbeiten der Nürnberger Schule lassen jedoch erkennen, daß diese Forderung — ohne daß eine entsprechende verbale Fassung vorgenommen wurde — in der Forschungspraxis durchaus verwirklicht wurde.

[70] Vgl. Bergler, Georg: Die Entwicklung... a. a. O., S. 57.

[71] Vershofen, Wilhelm: Die Marktentnahme... a. a. O., S. 97.

[72] Vgl. hierzu insbesondere: Bergler, Georg: Marktforschung und Motivforschung, in: ZfB, 28. Jg., Wiesbaden 1958, S. 727 ff. und Kropff, H. J. F.: Motivforschung, Essen 1960.

III. Zur Terminologie

So ergibt sich, daß der Wesensunterschied zwischen der seit Beginn der dreißiger Jahre in Nürnberg betriebenen Motivforschung und der in den vierziger Jahren in Amerika aufgekommenen „Motivations-Research" zwar auch in den angewandten Methoden, vor allem aber in der Zielsetzung beruht[73].

Wenn in den Veröffentlichungen der Nürnberger Schule aus den dreißiger Jahren immer wieder davon gesprochen wurde, daß die Erforschung des Verbraucher*verhaltens* im Mittelpunkt aller Bemühungen stehe, so mußte über kurz oder lang auf die grundsätzlichen Unterschiede gegenüber dem Behaviorismus hingewiesen werden, sollten schwerwiegende Mißverständnisse erst gar nicht aufkommen.

Tatsächlich scheinen die Gemeinsamkeiten auf den ersten Blick groß zu sein, aber für Vershofen war das Trennende unüberbrückbar[73]: Seiner Meinung nach liegt der Theorie des Behaviorismus „die Überzeugung zugrunde, daß es möglich sein müßte, Psychologie wie eine der alten Naturwissenschaften zu treiben, d. h. ihre Erkenntnisse in den Normen von Stoff, Bewegung und Maß oder Zahl zum Ausdruck zu bringen"[74]. Der Behaviorismus erwarte als — wenn auch noch so fernes — Ziel die Möglichkeit, „das Tun der Menschen mit genügender Genauigkeit vorhersagen und die Gesetze und Grundsätze ermitteln (zu) können, durch welche die Handlungen des Menschen... kontrolliert werden könnten"[74]. Demgegenüber betont Vershofen seine völlig gegenteilige Erwartung, „daß nämlich das Verhalten des Menschen sowohl im Markt wie im Haushalt, sich unter rationalen Kategorien nicht zureichend erklären läßt". Vershofen hatte längst erkannt, daß es unmöglich sein müsse, soziale Tatbestände allein aufgrund äußeren Verhaltens erklären zu können. Den Grund für die unterschiedliche Erwartung sieht Vershofen in der unterschiedlichen Ausgangsposition: Während diese für den Behaviorismus der Materialismus sei, geht er von der „Ganzheit des menschlichen Wesens" aus[75].

---

[73] Vgl. hierzu auch: Stephan, Erhard: Methoden der Motivforschung. Befragung und projektive Verfahren. München 1961.
[74] Vershofen, Wilhelm: Handbuch der Verbrauchsforschung.., a. a. O., S. 66 f.
[75] Vgl. derselbe: Die Stufen der Sozietät, Nürnberg 1931, derselbe: Licht im Spiegel, Köln 1934.

Zweiter Teil

IV. Der Verbraucher im Markt

Die systematischen Forschungen des Nürnberger Kreises unter Vershofens Leitung nahmen ihren Ausgang von der Erkenntnis, daß sich der Verbraucher bei der Deckung seiner Bedarfe anders verhält, als es der Fiktion des homo oeconomicus entsprechen würde. Während bis dahin die Feststellung von der „Irrationalität" bzw. der „Willkür" beim Verhalten des Verbrauchers im Markte regelmäßig den Abschluß der einschlägigen Darstellung bildete, wurde sie für Vershofen zu *dem* entscheidenden Ansatzpunkt; er versuchte demgemäß Antwort zu finden auf eine Vielzahl von Fragen:

„Woraus ist eigentlich die so oft überraschende Haltung des Verbrauchers bei seiner Bedarfsdeckung zu erklären? Reichen die Erklärungen hin, die sich aus der allgemeinen wirtschaftlichen Lage ergeben könnten oder sind weitere zu suchen? Handelt es sich dabei lediglich um wirtschaftliche Ursachen oder um allgemeinere, wie speziellere? Um solche aus anderen Bereichen des Lebens und solche aus der Psyche des Menschen? Ist die so oft festzustellende Launenhaftigkeit der Verbraucherhaltung vielleicht doch auf einige wenige Grunderscheinungen zurückzuführen und wie lassen sich diese aufdecken? Hat man überhaupt Mittel der Forschung, um diesen Fragstücken auch nur näherkommen zu können? Lassen sich neue Mittel schaffen und werden die Erkenntnisse, die mit ihnen gewonnen werden könnten, dazu führen, die Unsicherheiten, die alles wirtschaftliche Vorausdenken aus der Haltung des Verbrauchers heraus erfährt, wenigstens einzuengen[1]?"

Im folgenden sollen die wesentlichen Ergebnisse dieser Überlegungen und Forschungen dargestellt werden, und zwar nicht in chronologischer Reihenfolge, sondern in einer gewissen Entfaltung sachlicher Zusammenhänge; später werden einige besonders wichtige Erkenntnisse kritisch betrachtet.

Die für das Marktgeschehen letztlich entscheidende Handlung des Verbrauchers als Marktsubjekt ist die Deckung seiner Bedarfe durch die Entnahme von Gütern oder Leistungen aus dem Markt; diese erfolgt entweder durch Naturaltausch oder aber, in der heutigen Entfal-

---

[1] Vershofen, Wilhelm: Konsumforschung. Eine neue wissenschaftliche Disziplin und ihre wirtschaftspolitische Bedeutung. In: Marktforschung als Gemeinschaftsaufgabe für Wissenschaft und Wirtschaft (Festgabe für Conrad Herrmann), o. O. (Wuppertal), o. J. (1939), S. 17.

tungsstufe des Marktes fast ausschließlich, durch Kauf, also in der Umwandlung von Nominaleinkommen in Realeinkommen. Dabei lassen sich in der Gemeinwirtschaft folgende Etappen des Kreislaufes erkennen: Leistung einer Verrichtung — Lohn gleich Einkommen — Deckung der Bedarfsvarietäten nach Maßgabe des Verhältnisses der in Betracht kommenden Preise zum erzielten Einkommen[2]. Die Gestaltung dieses Verhältnisses ist zunächst stets zweckrational bestimmt[3]; auf die Dauer kann niemand mehr ausgeben als er einnimmt, auch wenn sich die Kaufkraft auf kurze Sicht durch mancherlei Mittel manipulieren läßt. Zu dieser rationalen Vorstellung tritt die Möglichkeit der affektuellen Überwältigung angesichts des im Markte Angebotenen[4], durch die eine Änderung der geplanten Verhaltensweise bewirkt wird. Diese „affektuelle Überwältigung" geschieht zwar während des Vorgangs der Bedarfsdeckung (den Vershofen auch als „Umsatz" bezeichnete), doch gehört sie ihrem Wesen nach (wie noch darzulegen sein wird) in den Bereich der Bedarfsbildung (der Verdichtung von Bedürfnissen zu Bedarfen)[5]. Diese Unterscheidung Vershofens erweist sich im weiteren Verlauf der Untersuchung als von großer Bedeutung.

Bei Vershofen findet sich die an sich nicht neue Feststellung, daß der Bedarf des Verbrauchers keineswegs vorwiegend rational zustande kommt, erstmals 1925 formuliert: „... die Bedarfsimpulse reifen nicht an der Ratio, sie wachsen in einer tieferen und weniger erhellten Schicht, nicht in der des Wissens von den Zusammenhängen, sondern in der des Wunsches der Befriedigung der Sinne, nicht hingeneigt zum rationalen Optimum, sondern angereizt von emotionaler Bewertung. Sie sind mit einem Wort nicht vorwiegend rational, sie sind vorwiegend sensual, emotional"[6].

Vershofen stützt sich hier auf Max *Weber*, der zwischen zweckrational, wertrational, affektuell (insbesondere emotional) und traditional bestimmtem sozialem Handeln unterscheidet[7]. Diese Klassifikation der Arten der Orientierung des Handelns übertrug Vershofen auf den wirtschaftlichen Bereich, wobei er die wertrationale und die traditionale Orientierung zusammenfaßt und demgemäß auch im Verbraucherver-

---

[2] Vgl. Vershofen, Wilhelm: Wirtschaft als Schicksal und Aufgabe, a. a. O., S. 221.

[3] Vgl. derselbe: Die Marktverbände, a. a. O., S. 51.

[4] Ebenda.

[5] Ebenda S. 52.

[6] Vershofen, Wilhelm: Über das Verhältnis von technischer Vernunft und wirtschaftlicher Wertung (Rektoratsrede), Nürnberg 1925, S. 7.

[7] Weber, Max: Wirtschaft und Gesellschaft, in: GdS, III. Abtlg. 2. Aufl., Tübingen 1925, 1. Halbband, S. 13.

34 V. Das Kernstück der Forschung: Analyse des Nutzens

halten rational, traditional und emotional bestimmtes Handeln unterschied[8].

In diesem Zusammenhang muß daran erinnert werden, daß Vershofen erst die Bedarfe selbst als wirtschaftlich relevant bezeichnete und Bedürfnisse nur insoweit berücksichtigte, als sie zu Bedarfsimpulsen wurden. Bedürfnisse werden ja in vielfältiger Weise auch mit außerwirtschaftlichen Mitteln befriedigt, und nur diejenigen, von denen das Marktsubjekt weiß, daß sie sich mit wirtschaftlichen Mitteln befriedigen lassen, werden beim generellen Vorhandensein verfügbarer Kaufkraft zu Bedarfen verdichtet[9].

In etwas schematisierter Form lassen sich die Vorgänge, die schließlich zur Marktentnahme führen, wie folgt darstellen:

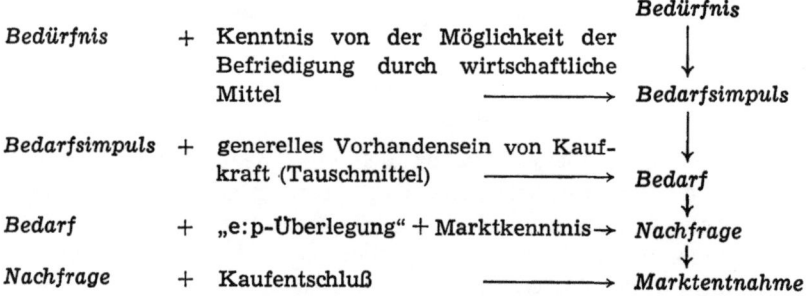

V. Das Kernstück der Forschung: Analyse des Nutzens

1. Die Nutzengliederung

Auch in der entfalteten Tauschwirtschaft, in der sich das Geld als „Generaltauschware" herausgebildet hat, gilt für die Tauschobjekte einerseits: „Je leichter die Beschaffung, desto größer das Angebot und umgekehrt" und andererseits: „Je größere Angenehmlichkeit der Gebrauch eines Objektes bietet, je größer sein Nutzen ist, um so stärker wird es gefragt werden"; daraus folgert Vershofen weiter:

---

[8] Vershofen, Wilhelm: Die Marktverbände, a. a. O., S. 50.
[9] So kann ein gesteigertes Geltungsbedürfnis auf mannigfache Art und Weise befriedigt werden, z. B. durch den Erwerb einer hervorragenden Bildung, durch aufsehenerregende künstlerische Leistungen, Verkehr in angesehener Gesellschaft, aber auch durch den Besitz eines extravaganten Hauses; nur im letzteren Falle wird das Geltungsbedürfnis zu einem Bedarfsimpuls.

1. Die Nutzengliederung

„Deshalb ist auch heute noch unter so viel verwickelteren Marktverhältnissen das Angebot eine Funktion der Kosten und die Nachfrage nur der marktmäßige Ausdruck der Nutzenerwägungen[10]."

Dies ergibt die fundamentale Feststellung, daß jedes Marktobjekt letzten Endes um seiner Fähigkeit willen, einen irgendwie gearteten Nutzen zu stiften, erworben wird; dieser Nutzen dient zur Befriedigung derjenigen Bedürfnisse, die zu Bedarfsimpulsen geworden sind. Die Unbegrenztheit der Bedürfnisse[11] und der sich aus ihnen ableitenden Bedarfe bewirkt beim Marktsubjekt das Bestreben, jeweils ein Nutzen*maximum* zu erzielen.

An dieser Stelle nun scheinen sich die moderne Lehre vom Verbraucherverhalten und die Auffassung der klassischen Nationalökonomie zu decken; doch ist diese Gemeinsamkeit tatsächlich nur eine scheinbare.

Adam *Smith* war davon ausgegangen, daß das letzte Agens aller menschlichen Betätigung und speziell des Wirtschaftens der *Eigennutz* (own interest) des Individuums sei; er und seine Nachfolger waren fest davon überzeugt, daß es unnötig sei, diesen Eigennutz genauer zu erklären, weil doch jedermann wisse, was darunter zu verstehen sei. Diese Annahme erwies sich jedoch als entscheidender Irrtum; er führte dazu, daß auf lange Zeit hinaus gerade für das Verbraucherverhalten keine brauchbare Erklärung gefunden werden konnte.

Demgegenüber stellt sich bei einem Rückblick auf die Arbeit der Nürnberger Schule heraus, daß sich deren Hauptaugenmerk — zunächst gänzlich unbewußt — auf eine Analyse des Komplexes „Eigennutz" konzentrierte; erst allmählich erkannte man in diesem das entscheidende Kernstück in der Erforschung des Verbraucherverhaltens[12].

Rund zehn Jahre nach seiner Feststellung, daß „die Nachfrage nur den marktmäßigen Ausdruck der Nutzenerwägungen" darstelle, konnte Vershofen eine systematische Gliederung dieser Nutzenerwägungen vorlegen, an deren Zustandekommen seiner eigenen Aussage nach Induktion und Deduktion „fortwährend ineinandergreifend" gleichermaßen beteiligt waren.

Das erste von ihm veröffentlichte Nutzenschema[13] enthält die Differenzierung der komplexen Nutzenvorstellung in *Grundnutzen* und *Zu-*

---

[10] Vershofen, Wilhelm: Wirtschaft... a. a. O., S. 59.
[11] Vgl. derselbe: Die Marktverbände, a. a. O., S. 5.
[12] Hierauf hat Vershofen noch kurz vor seinem Tode den Verfasser in ausführlichen Gesprächen aufmerksam gemacht.
[13] Vgl. Vershofen, Wilhelm: Konsumforschung. Eine neue wissenschaftliche Disziplin und ihre wirtschaftspolitische Bedeutung, a. a. O., S. 20.

V. Das Kernstück der Forschung: Analyse des Nutzens

satznutzen, letzteren wieder unterteilt in Gefühlsnutzen und geselligen Nutzen:

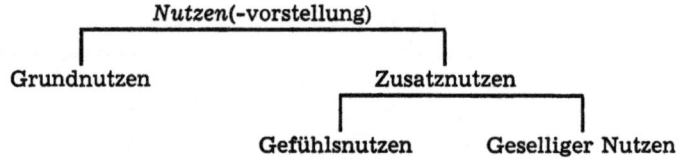

Kurze Zeit später brachte die Institutszeitschrift[14] den Vorabdruck eines Kapitels über „Das Feld der qualitativen Verbrauchsforschung" aus dem dann 1940 erschienenen „Handbuch der Verbrauchsforschung". Hier hatte Vershofen bereits eine weitergehende Gliederung des ursprünglich als „Gefühlsnutzen" bezeichneten Nutzens vorgenommen, den er nun als „Erbauungsnutzen" kennzeichnete; durch die stärkere Unterteilung war außerdem eine Umstellung innerhalb der „Leiter" notwendig geworden:

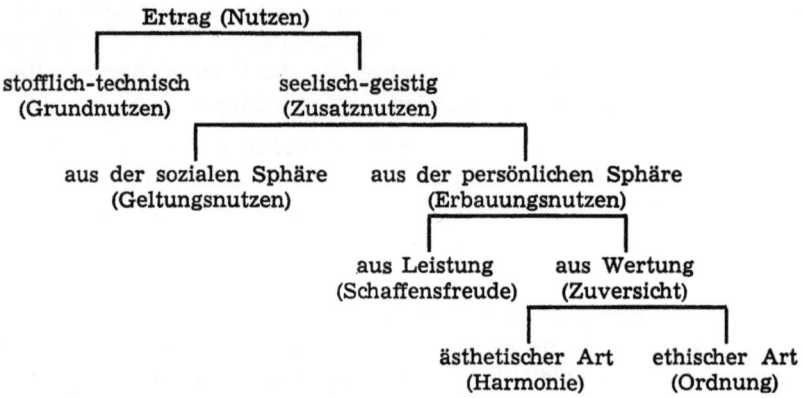

2. „Grundnutzen" und „Zusatznutzen"

Für den *Grund*nutzen finden sich bei Vershofen einige andere, gleichwertige Bezeichnungen, wie „unmittelbarer Gebrauchsnutzen", oder „Zwecknutzen"; immer ist damit gemeint die Geeignetheit des Objektes für den ihm zugedachten Zweck in bezug auf die stofflich-technische

---

[14] Vershofen, Wilhelm: Handbuch der Verbrauchsforschung, in: Markt und Verbrauch, 11. Jg., Berlin 1939, Heft 8, S. 369—376; derselbe: Handbuch der Verbrauchsforschung, Berlin 1940.

Brauchbarkeit — diese ist das entscheidende Merkmal. Den Grundnutzen bezeichnet Vershofen als den rational erfaßten Nutzen[15].

In Beantwortung der selbstgestellten Frage, ob Bedarfe existieren, die der Verbraucher lediglich dieses Grundnutzens wegen, den die entsprechenden Objekte zu bieten haben, deckt, gelangt Vershofen zu der Ansicht, daß der Mensch bei Mitteln des Verbrauchs auf die Dauer nicht mit dem Grundnutzen allein auskomme[16]. Wie sich im folgenden zeigen wird, darf der Grundnutzen auch nicht verwechselt werden mit dem Hauptnutzen bzw. dem entscheidenden Nutzen eines Objektes; der Grundnutzen *kann* Hauptnutzen sein, muß es aber nicht sein.

Als *Zusatz*nutzen stellt Vershofen alle diejenigen Nutzen dem Grundnutzen gegenüber, die ihre Wurzeln im seelisch-geistigen Bereich haben. Hier unterscheidet er zwischen der sozialen und der persönlichen Sphäre. Der gesellige oder Geltungsnutzen resultiert aus dem Ansehen, das der Besitz bzw. Gebrauch eines Objektes in der Umwelt bewirkt; wegen seiner außerordentlich großen praktischen Bedeutung wird auf ihn weiter unten besonders eingegangen. Für die persönliche Sphäre gelangt Vershofen unter dem Oberbegriff Erbauungsnutzen zu der Unterscheidung zwischen leistungsbezogenem und wertungsbezogenem Nutzen; Schaffensfreude, aber auch die Genugtuung über einen besonders günstigen Einkauf zählt er zu ersterem; die Wertungen können schließlich entweder ästhetischer oder aber ethischer Natur sein.

Dem erwarteten Einwand gegen die Aufgliederung des Nutzenkomplexes, daß sich nämlich der Verbraucher der Zusammengesetztheit seines Nutzenerlebnisses überhaupt nicht bewußt werde, begegnet Vershofen im voraus[17]. Zwar stelle alles Geschehen im Leben ein ganzes und ungeteiltes dar; um dieses aber erklären zu können, sei das Miteinander in ein Neben- oder Nacheinander aufzugliedern; Vershofen sieht in diesem Zwang die Eigenart des Erkennens selbst mit all seinen Mängeln und Grenzen.

3. Die „Nürnberger Regel"

Nach der Aufgliederung des Nutzenerlebnisses bzw. der Nutzenvorstellung ergibt sich zwangsläufig die Frage nach einer Rangordnung der verschiedenen Nutzenarten; hier nun zeigt es sich, daß das Schema nicht zufällig diese Form aufweist; aus ihr kann Vershofen zu jener Feststellung kommen, die später als sogenannte „Nürnberger Regel" bekanntgeworden ist und die lautet:

---

[15] Vgl. Vershofen, Wilhelm: Handbuch der Verbrauchsforschung, a. a. O., S. 69.
[16] Vgl. ebenda, S. 76.
[17] Vgl. ebenda, S. 72.

„Sobald neben dem Grundnutzen oder an seiner Stelle Zusatznutzen auftritt, dann wiegt dieser für die Entscheidung um so schwerer, je geringer sein Grad von Allgemeinheit ist[18]."

4. Müheerwägungen und Nutzenvorstellungen

Als einen weiteren wesentlichen Faktor bei der Marktentnahme unterzieht Vershofen auch die Müheerwägungen des Verbrauchers einer eingehenden Analyse; diese resultieren aus den Anstrengungen, die zur Erlangung der notwendigen Tauschmittel (Kaufkraft) erforderlich waren[19].

Die Berücksichtigung der Müheerwägungen erscheint besonders im Falle des Naturaltausches von Wichtigkeit zu sein, bei dem jeder Tauschpartner sein Tauschgut selbst anfertigt. Dagegen verliert die Müheerwägung mit der Einschaltung der Generaltauschware Geld an Gewicht — sie wird zur bloßen Müheerinnerung, „weil das im Augenblick des Einkaufs sich vordrängende Erlebnis des Nutzens stärker wird als das bereits in der Vergangenheit liegende oder erst für die Zukunft wieder zu erwartende der Mühe[20]." Aber selbst die Müheerinnerungen beziehen sich in der Regel nur sehr pauschal auf das Gesamteinkommen; dem zu entrichtenden Preis eines Marktobjektes werden nur in den seltensten Fällen Erwägungen über die speziell für diesen Einkommensteil notwendig gewordene „Teilmühe" gegenübergestellt[21].

Beim Tauschakt wird jeder Partner aber nicht nur die Mühe bedenken, die ihn die Beschaffung seines Tauschgutes gekostet hat, sondern — in sehr viel stärkerem Maße — auch den Nutzen, den er selbst, wenn

---

[18] Vershofen, Wilhelm: Handbuch..., a. a. O., S. 78; zur Erläuterung dieser Regel diene nachstehendes Beispiel: „Damen kaufen modische Stoffe für Sommerkleider. Eine kleine Erhebung... hat gezeigt, daß der stofflich technische Nutzen in diesem Falle keineswegs den Ausschlag gibt... — Die Harmonie gibt hier also ganz unverkennbar den Ausschlag, und es ist unschwer zu erkennen, daß auch der Geltungsnutzen stark mitspricht, denn das Kleid soll ja auch von anderen wahrgenommen werden. Nun könnte aber der Fall eintreten, daß eine bestimmte Stoffart oder eine bestimmte Farbgebung im Rahmen der Lenkung der Wirtschaft vermieden werden sollte. Gelingt es nun, beim Verbraucher die Vorstellung zu wecken, daß er im Interesse des Volksganzen auf die Wahl dieser Stoffart oder Farbgebung verzichten muß — und vollbringt er diesen Verzicht mit Freuden —, dann ist die speziellste Nutzenart, die Ordnung nämlich aus ethischer Wertung ausschlaggebend."

[19] Vgl. ebenda, S. 81; auf eine Wiedergabe dieses Schemas soll hier verzichtet werden, weil sich aus dem Folgenden die Aufgliederung der Mühearten als wenig bedeutsam erweist.

[20] Ebenda, S. 79.

[21] Vgl. hierzu Schäfer, Erich: Zwischenbilanz der Verbrauchsforschung, in: Markt und Verbrauch, 13. Jg., Berlin 1941, S. 109.

4. Müheerwägungen und Nutzenvorstellungen

er auf die Hergabe verzichtet, daraus haben würde; und diesen Nutzen wiederum vergleicht er mit den Nutzenerwartungen aus dem Objekt des Tauschpartners. Vershofen gelangt zu folgendem Schema des „inneren Widerstreits bei jeder Tauschhandlung"[22]:

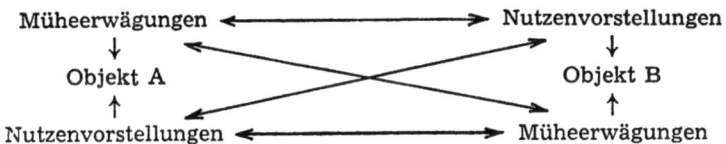

Der Tausch kommt schließlich zustande, wenn bei jedem Partner die Summe aller Nutzenerwartungen die Summe aller Müheerinnerungen übertrifft. Dieses Abwägen von Mühen und Nutzen verleiht dem Marktobjekt den spezifischen *Wert* für den einzelnen Menschen. Dabei beziehen sich die Müheerwägungen vorwiegend auf schon vergangenes Erleben (Erleiden), während die Nutzenvorstellungen vorwiegend auf künftiges Erleben zielen. Nun ist jedoch die Abgleichung von Nutzenvorstellungen und Müheerwägungen mit dem Erwerb des bedarfsdeckenden Mittels nicht beendet: „Solange das Mittel verwendet wird, können diese Vorstellungen in ihrer Spannung zueinander immer wieder aufleben[23]." Bei der Verwendung werden dann die Nutzenvorstellungen umgewandelt in Nutzen*erlebnisse*. Aus dieser Tatsache leitet sich zwingend die Notwendigkeit der *Verwendungs*forschung ab.

Die Faktoren, die den subjektiven Wert eines Marktobjektes für den Konsumenten bestimmen, haben eine vielfältig veränderliche Zusammensetzung; es wurde schon dargelegt, daß im Augenblick der Marktentnahme die Summe der Nutzenerwartungen größer sein muß als die der Müheerwägungen und der entgehenden Nutzen. Dieses Verhältnis kann sich jedoch rasch ändern: Einerseits mag sich herausstellen, daß die Nutzenerlebnisse hinter den Nutzenerwartungen zurückbleiben, oder aber, daß sie diese mehr oder weniger stark übertreffen; in beiden Fällen kann hierfür sowohl das Objekt selbst als auch der Verwender, etwa durch falsche Handhabung, die Ursache sein. Andererseits ist eine Gewichtsverlagerung der Faktoren auch durch eine Abschwächung der Müheerinnerungen denkbar. Deshalb kommt Vershofen zu der Feststellung, „daß dem abnehmenden Nutzen aus Eintönigkeit auch ein *zunehmender* Nutzen aus fortschreitendem Verblassen der Müheerinnerungen und immer neu sich einstellendem Nutzenerlebnis gegenübertreten kann"[24].

---

[22] Vershofen, Wilhelm: Randbemerkungen zum Thema „Gerechter Preis". in: Markt und Verbrauch, 11. Jg., Berlin 1939, S. 150.
[23] Derselbe: Handbuch, a. a. O., S. 82.
[24] Ebenda, S. 83.

Vershofen gab auch zu überlegen, ob der Faktor Nutzenerwartung bzw. -erlebnis (vom Marktobjekt vermittelt) als seelisch-geistiger Ertrag nicht trotz aller feststellbaren Veränderungen im Gewicht der speziellen Nutzenarten in der *Gesamtheit* doch konstant bleibt und ob andererseits nicht der seelisch-geistige Gesamtertrag aus allen bereiteten und benutzten Mitteln innerhalb einer Zeiteinheit für jedes Individuum gleichbleibt[25]. Vershofen verfolgte diese Gedankengänge selbst nicht weiter; auch wollte er mit diesen keinesfalls den Eindruck erwecken, als könnte die Kompliziertheit des Abwägens von Mühe und Nutzen als Erlebnisinhalte gar in rechenhaftem Ausdruck gefaßt werden.

Nach Vershofens Auffassung muß jede Nutzenanalyse vom Erlebnisinhalt des Menschen ausgehen; allerdings neigt dieser dazu, die von einem Gegenstand induzierten Erlebnisse dem betreffenden Objekt in irgendeiner Form als Eigenschaft oder Funktion zuzuschreiben. Man würde zu einer wesentlich anderen Gliederung des Nutzens kommen, wollte man als Kriterium nicht die Vorstellungen des Menschen von den durch sie zu erlangenden Nutzen, also die Erlebniserwartungen, sondern die Beschaffenheit der Marktobjekte wählen. Unter diesem Aspekt kann nämlich jeder Nutzen sowohl ein unmittelbarer Sachnutzen, als auch ein bloßer Wirkungsnutzen sein. Anhand eines Beispiels[26] zeigt Vershofen, daß es Dinge gibt, die aus ihrer sachlichen Beschaffenheit keinerlei Nutzen stiften, sondern daß sich dieser lediglich aus der Funktion der Sache herleitet. Vor allem der Geltungsnutzen, dem im folgenden besondere Beachtung geschenkt wird, aber nicht nur dieser, tritt keineswegs selten als funktionaler Nutzen in Erscheinung.

5. Der „Geltungsnutzen"

Innerhalb des Zusatznutzens wandte Vershofen dem von ihm als „Geltungsnutzen" bezeichneten Phänomen von Anfang an besondere Aufmerksamkeit zu; die Ursachen des Geltungsstrebens waren zwar von den Nachbardisziplinen der Psychologie und insbesondere der Soziologie (und hier mit am nachhaltigsten durch G. Simmel) analysiert worden, aber Vershofen war einer der ersten *Wirtschafts*wissenschaft-

---

[25] Vgl. Vershofen, Wilhelm: Handbuch, a. a. O., S. 76 f.
[26] Vgl. ebenda, S. 160 ff. Bei dem Beispiel handelt es sich um das „Mühlsteingeld" der Insel Yap. „Die Bewohner dieser Insel unternehmen eine weite Fahrt über das Meer, um auf einer anderen Insel große Steine zu brechen von einer Gesteinsart, die es bei ihnen selbst nicht gibt. Diese Steine... werden zur Heimatinsel hinübergeschafft, um dort von demjenigen, der die Kosten der Expedition bestritten hat, vor seinem Hause aufgestellt zu werden. Sie *repräsentieren* dann den Reichtum des Hauses oder der Sippe und bringen geselliches Ansehen..."

ler, die die große und zunehmende Bedeutung dieser Erscheinung für die Wirtschaftspraxis klar erkannten.

Im folgenden sollen aus Vershofens umfangreichem literarischen Schaffen einige Stellen zitiert werden, in denen er sich mit dem Geltungsstreben und dem Geltungsnutzen eingehender befaßt:

„... Es ist doch so, daß in den Ländern der westlichen Zivilisation Differenzierungen im Verbrauch soziale Unterscheidungen verursachen, ja, daß (vielleicht besonders ausgeprägt in Deutschland) die Verschiedenheit im Verbrauch die *einzige soziale Distinktion ist* ...

... Wir können uns also der Erkenntnis nicht verschließen, daß durch das Argument rationaler Fertigung das Marktschicksal der dem haushaltlichen Verbrauch im weitesten Sinne, direkt oder indirekt, dienenden Güter resp. Waren nicht wesentlich beeinflußt werden kann. Auch wenn sich diese rationale Fertigung in einem Preis ausdrückt, der gegenüber Waren anderen Werdegangs lockend, weil niedrig ist, so greift der Verbraucher noch so lange nach der Ware weniger normalisierter Natur, als ihm die Kaufkraft seines Einkommens gerade noch erlaubt, ein Mehr von Differenziertheit zu kaufen ...

... wo nicht derartige Kräfte (außerökonomische, metaökonomische, (H. M.), wo, ganz allgemein gesagt, nicht eine vis major wirksam ist, bleibt der Mensch als Verbraucher in seinen Marktentscheidungen mehr oder minder stark, aber zutiefst immer ausschlaggebend von seinen Affekten beherrscht, möge er nun bewußt oder unbewußt die gesellschaftliche Abgehobenheit durch Verbrauchsdifferenzierung suchen, möge er das, was ihn zur Entscheidung bringt, als Laune, Geschmack, Mode oder sonst irgendwie bezeichnen ..."[27].

An anderer Stelle schreibt Vershofen in bezug auf das Geltungsstreben und die Willkür des Konsumenten als Grund für Störungen im Markte[28]:

„... Er (der Grund, H. M.) ist allein aus der Psyche des Einzelwesens heraus nicht erklärbar, er kann vielmehr völlig nur aus gesellschaftlichen Zusammenhängen verstanden werden. Der Mensch ist der Gesellungsform Markt unentrinnbar eingegliedert, und daraus ergeben sich für ihn widerstreitende Grundtendenzen in bezug auf die Durchsetzung seines Geltungsstrebens ... Das Individuum hat vor dem Bedürfnis, sich zur Geltung zu bringen, höchstens das eine andere, leben zu wollen. Ob es freilich ohne Geltung zu leben vermöchte, ist eine Frage, die ebenso verneint werden muß wie die, ob der Mensch in der Isolierung bestehen könne ... Aus den Beziehungen zur Ganzheit erhebt sich das Geltungsbedürfnis, das wiederum in zwiefacher Qualität als Angleichungsbedürfnis und als Abhebungsbedürfnis (begründet im Anerkennungs- und im Abhebungstrieb) in Erscheinung tritt. Angleichungsbedürfnis beruht in dem Bestreben, nicht unter dem Verbrauchsniveau der Schicht zu bleiben, zu der man sich rechnet, und Abhebungsbedürfnis ist begründet in dem Wunsch, sich durch bestimmte Verbrauchsdifferenzierungen von ihrem Habitus zu unterscheiden, unter Umständen sogar durch den Ver-

---

[27] Vershofen, Wilhelm: Inwieweit läßt sich die Ford'sche Geschäftstheorie verdeutschen? (Beitrag zum marktpolitischen Problem), in: *Ford* und *Wir*, hrsg. v. Sozialen Museum in Frankfurt a. M., Berlin und Wien 1926, S. 58 ff.
[28] Derselbe: Wirtschaft als Schicksal und Aufgabe, a. a. O., S. 235.

brauch den Anschein zu erwecken, einer höheren, bewunderten und beneideten Schicht anzugehören..."

Auch in seinem wohl bedeutendsten philosophischen Werk[29] beschäftigt ihn das Phänomen des Geltungsstrebens und die Art seiner Realisierung:

„Man wird ohne weiteres erkennen, daß die Spannung, die wir als so bedeutsam für das Wesen des Menschen erkannt haben, auch bei der Bedarfsdeckung in Form des Wettbewerbs zwischen persönlichem und gesellschaftlichem Nutzen in Erscheinung tritt. Das beruht zuletzt auf dem Verhältnis des einzelnen zur Gesellschaft. Das Suchen und Fliehen hat seine volle Entsprechung auf wirtschaftlichem Gebiet. Man will sich im Verbrauch fortwährend angleichen und ebensosehr will man sich abheben. Es gibt in diesem Sinne ein Geltungsbedürfnis, das sich gliedert in ein Angleichs- und ein Auszeichnungsbedürfnis. Diese Bedürfnisse sind Ausfluß des gesellschaftlichen Grundverhältnisses, und sie können in einer Gesellschaft, die nicht Wertungsgemeinschaft ist, in der Hauptsache *nur durch wirtschaftliche Mittel*, d. h. durch Unterscheidung im Verbrauch befriedigt werden. In einer Gemeinschaft, die den Sinn des Lebens aus der Sonderart des Menschen heraus gefunden hat, wird die gesellschaftliche Geltung durch nichts stärker erreicht als dadurch, daß die Wertung des Lebens die eine und gleiche ist, die Auszeichnung durch nichts so gefördert wird als dadurch, daß der einzelne sich im Dienst am Sinn besonders bewährt..."

Für Vershofen ergibt sich so die Bedeutung des Geltungsstrebens aus der Art der Gebundenheit des Menschen in seiner Sozietät[30]. Diese Bindung steht unter dauernder Spannung, weil dem Menschen der Drang zur Behauptung und Durchsetzung seiner „Einmaligkeit" seiner Persönlichkeit innewohnt; gehindert wird er in diesem Drang durch den entsprechenden aller anderer Glieder der Sozietät und durch diese selbst. Andererseits ist der Mensch aber auf eben diese anderen Glieder und die Sozietät auch wieder angewiesen, um überhaupt leben zu können, und die Gruppe wiederum wird in ihrer Charakteristik durch die Besonderheit eines jeden Gliedes bestimmt. Dieses Spannungsverhältnis bezeichnet Vershofen als „Streitbindung" bzw. „Polarjunktion"[31].

Je nach der Beschaffenheit dieser Streitbindung wenden sich die Bedürfnisse der Individuen unterschiedlichen Bereichen zu. So wird nach Vershofens Ansicht gesellschaftliche Auszeichnung durch abhebenden und auszeichnenden Verbrauch dann sehr stark gesucht, wenn andere Mittel der Gesellung auf diesem Gebiet versagen. „Zeitalter materialistischer Prägung werden also den geselligen Zusatznutzen als wesent-

---

[29] Vershofen, Wilhelm: Licht im Spiegel, Köln 1934, S. 76 f.

[30] Vgl. derselbe: Die Stufen zur Sozietät. Ein Beitrag zur Lehre von den Gestalten. Nürnberg 1931; ferner: derselbe: Licht im Spiegel, a. a. O.

[31] „Unter Polarität sind diejenigen Phänomene zu verstehen, bei denen gegeneinander gespannte, aber nicht zu trennende Verursachende eine einheitliche Wirkung erzielen..." Vershofen, Wilhelm: Dialektik und Polarität, Wiesbaden 1951, S. 5 und 26.

liches Regulativ der Bedarfsdeckung viel stärker in Erscheinung treten lassen, als solche, die an geistigen und sonstigen höheren Werten orientiert sind. Bei ihnen wird der Dienst an den allgemein anerkannten Werten schon an sich eine gewisse Befriedigung gewähren, aber auch nach außen hin Ansehen verleihen[32]."

Wegen der permanenten Spannung zwischen Personalität und Sozialität ist für Vershofen alles menschliche Tun stets das Resultat aus persönlichen und zugleich aus sozialen Ursachen, und wie dies ganz generell unmöglich ist, so läßt sich auch speziell beim Auftreten des Geltungsstrebens das jeweilige Gewicht der beiden einander durchdringenden Agenzien nicht exakt bestimmen[33].

6. Die ökonomische Bedeutung des Geltungsnutzens

Die überragende *ökonomische* Bedeutung des Geltungsstrebens ergab sich für Vershofen aus der Erkenntnis, daß man bei der gegenwärtigen Struktur der Gesellschaft dieses fundamentale Bedürfnis fast nur noch durch wirtschaftliche Mittel zu befriedigen sucht — wodurch es zu Geltungs*bedarf* wird. Während die sich hieraus ergebenden wirtschaftlichen Konsequenzen weiter unten behandelt werden, soll hier zunächst noch etwas näher auf das Phänomen Geltungsnutzen eingegangen werden[34].

Zwar werden auch heute noch bei einander näherstehenden Personen Ansehen und Geltung mit Hilfe *anderer* als wirtschaftlicher Mittel angestrebt; so versucht man wohl kaum, dem wirklichen Freunde durch aufwendigen Verbrauch zu imponieren. Je größer aber zwischen den Beteiligten die Distanz wird, mit desto größerer Wahrscheinlichkeit bedienen sie sich des Verbrauchs, um sich gegenseitig zu beeindrucken; um in der Terminologie Vershofens zu bleiben: Je mehr die Nachbarschaft zur Fernbarschaft wird, desto bedeutsamer wird der Verbrauch als Mittel zur Steigerung persönlichen Ansehens.

In einem Gliederungsschema ordnet Vershofen diejenigen Bereiche bzw. Beziehungen innerhalb der Gesellung, in denen nach Anerkennung und Auszeichnung gestrebt wird; als Beispiele innerhalb der drei

---

[32] Vershofen, Wilhelm: Konsumforschung... a. a. O., S. 26.
[33] Vgl. derselbe: Die Marktentnahme... a. a. O., S. 104.
[34] Diese Ausführung stützen sich im wesentlichen auf die Neuauflage des Handbuchs der Verbrauchsforschung, Band 1, die unter dem bereits zitierten Titel „Die Marktentnahme als Kernstück der Wirtschaftsforschung, Berlin und Köln 1959, erschienen ist, und zwar speziell auf S. 113 ff.

großen Gruppen führt er dann noch eine weitergehende Differenzierung ein:

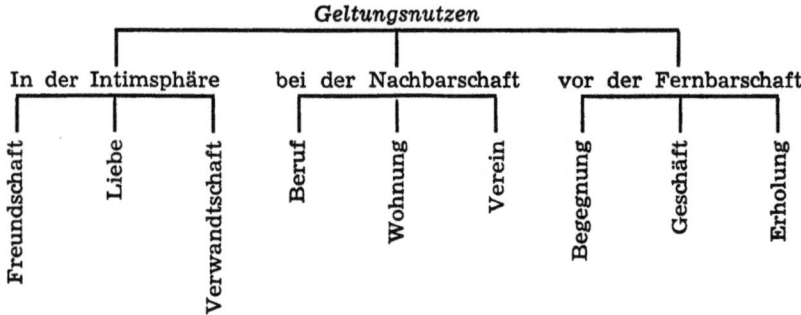

Seiner Meinung nach nimmt nun die Aussicht auf Erfolg bei dem Vorhaben, das Geltungsbedürfnis durch wirtschaftliche Mittel zu befriedigen, innerhalb des Schemas von links nach rechts *zu*.

Da diesen Überlegungen der Versuch einer Analyse der Bestimmungsfaktoren für die Marktentnahme zugrunde liegt, läßt sich auch sagen: Je nach dem Bereich, in dem das einzelne Objekt „benutzt" wird, wohnt ihm eine unterschiedliche Geeignetheit zur Stiftung von Geltungsnutzen inne.

An anderer Stelle[35] brachte Vershofen die Bedeutung des Geltungskonsums auf die kurze Formel: „Es ist, als ob die Maxime allgemein anerkannt sei: Zeige mir, was Du verbrauchen kannst, und ich sage Dir, wie groß Deine gesellschaftliche Geltung ist."

Bei der Anwendung der Einsichten über das Geltungsstreben auf ökonomische Verhältnisse ergab sich die Notwendigkeit, die Marktobjekte in Kategorien einzuteilen, je nach ihrer Fähigkeit, entweder nur Grundnutzen oder aber auch Zusatznutzen, und diesen wieder nach verschiedensten Arten unterschieden, zu stiften. Eine solche Unterteilung findet sich bei Vershofen erstmals 1932 im Zusammenhang mit Überlegungen zur Beendigung der „großen Krise"[36]. Er kommt dort zu der Trennung des Sozialprodukts in „Grundprodukt" und „Zusatz-

---

[35] Vershofen, Wilhelm: Der Sinn des Wirtschaftens, in: Blätter für Deutsche Philosophie, Berlin 1934, S. 156.
[36] Vgl. derselbe: Gibt es überhaupt einen Ausweg aus der Krise, in: Keramos, Bamberg, 11. Jg., Mai/Juni 1932; derselbe: Produktionsankurbelung oder Belebung des Verbrauchs, Nürnberg 1933. — Vershofen kommt in diesem Zusammenhang deshalb auf die Unterscheidung, weil es seiner Meinung nach im Bereich des Zusatzproduktes infolge der „Laune des Verbrauchers" sehr leicht zu Tauschresten komme, die ihrerseits für die Entstehung von Krisen mitverantwortlich gemacht werden müßten.

6. Die ökonomische Bedeutung des Geltungsnutzens

produkt", wobei er sich über die Schwierigkeit einer exakten Unterscheidung durchaus im klaren ist. Unter „Grundprodukt" will er all das verstanden wissen, „was auch eine Tiergesellschaft herstellen müßte, um sich am Leben zu erhalten; und unter ‚Zusatzprodukt' ist infolgedessen alles zu verstehen, was der menschlichen Bedarfsdeckung eigentümlich ist"[37]. Geltungsnutzen als spezieller Zusatznutzen wird demnach nahezu ausschließlich von Objekten des Zusatzproduktes gestiftet werden können.

Soziale Geltung durch entsprechenden Konsum kann aber auch nur dort erwartet werden, wo dieser Konsum wahrgenommen wird; deshalb liegt eine andere Einteilung nahe, nämlich danach, ob die Marktobjekte in mehr oder weniger breiter Öffentlichkeit, also vor allem in der „Fernbarschaft", aber auch in der Nachbarschaft, oder aber gänzlich unbeachtet von der Umwelt ge- oder verbraucht werden[38].

Die Anpassung an eine herrschende Mode ist in besonderem Maße geeignet, Geltungsnutzen zu stiften; deshalb kommt ihr in einer Zeit, in der der Konsument seinen Verbrauch immer stärker durch Geltungsnutzen-Erwägungen bestimmen läßt, zwangsläufig steigende Bedeutung zu; dieser Umstand manifestiert sich nach Vershofen in drei Erscheinungen[39]: Erstens ergreift die Mode immer weitere Objektkreise, zweitens dringt sie bis in die kleinsten Siedlungen auf dem Lande vor, und drittens beschleunigt sich der Modewechsel immer rascher.

Für das Verhältnis von technischer Vernunft und wirtschaftlicher Wertung ergibt sich aus dem Phänomen Geltungsstreben eine weitere fundamentale Einsicht: „Je einheitlicher und serienmäßiger diese Objekte sind, desto geringer ist ihr gesellschaftlicher Nutzen[40]." Damit weist Vershofen auf die Tatsache hin, daß „eine hochentwickelte Technik und eine in Verbrauchsunterscheidungen polarisierte Gesellschaft einander ausschließen und sich zueinander verhalten wie Feuer und Wasser"[41].

Aber er sieht auch noch eine andere Konsequenz sehr deutlich: „In dem gleichen Maße und Tempo, in dem sie (die hochentwickelte Technik, H. M.) die Vollbringung gestellter Aufgaben vereinfacht und erleichtert, wird sie gezwungen, durch Neuerfindung bisher ungeahnte Be-

---

[37] Vershofen, Wilhelm: Produktionsankurbelung, a. a. O., S. 7.
[38] Hier finden sich wieder Berührungspunkte mit der eingangs kurz skizzierten „amerikanisch-deutschen Konsumtheorie" und insbesondere mit Ch. v. Reichenau; aber auch schon bei Oldenberg — a. a. O. — wird auf diese Zusammenhänge hingewiesen.
[39] Vershofen, Wilhelm: Wirtschaft als Schicksal und Aufgabe, a. a. O., S. 277.
[40] Derselbe: Licht im Spiegel, a. a. O., S. 77; vgl. ferner vom selben Verf.: Über das Verhältnis von technischer Vernunft und wirtschaftlicher Wertung, a. a. O.
[41] Derselbe: Licht im Spiegel, a. a. O., S. 77.

darfe und damit die Möglichkeit neuer Verbrauchsunterscheidungen hervorzubringen. Es genügt nicht, daß eine Auswahl zweckentsprechender Automobiltypen am Markt ist, es muß dafür gesorgt werden, daß sie veralten, ehe sie verbraucht sind. Daß sie veralten, dafür sorgt die Technik, die also nicht nur, wie v. Gottl-Ottlilienfeld meint, die Lebensnot steuert, sondern sie auch immer wieder aufs neue hervorruft[42]." So hat Vershofen schon vor mehr als dreißig Jahren die Erscheinung begriffen und ausgedeutet, die heute als „künstliche" oder „psychologische Veralterung" wieder Gegenstand wirtschaftswissenschaftlicher und wirtschaftspolitischer Erörterungen ist[43].

Zum Schluß der Erörterungen über das Geltungsstreben bzw. den Geltungsnutzen sei noch erwähnt, daß Vershofen selbst nachweist, daß schon Adam Smith die Erscheinung des Zusatznutzens und speziell des Geltungsnutzens erkannt und beschrieben hat, allerdings nicht in „Wealth of Nations", sondern in der 17 Jahre früher erschienenen und weit weniger bekannten „Theory of Moral Sentiments"[44]. Vershofen bleibt aber das Verdienst, nicht zuletzt durch die Prägung einer höchst eingängigen Bezeichnung, in neuerer Zeit nachdrücklich auf die sozialen und wirtschaftlichen Konsequenzen des Phänomens aufmerksam gemacht zu haben.

7. Unterschiedliche Verhaltensweisen je nach Nutzenart

Mit einigen grundsätzlichen Einsichten über die unterschiedlichen Verhaltensweisen der Verbraucher beim Versuch, ihre Nutzenvorstellungen zu realisieren, soll die im wesentlichen referierende Darstellung der Arbeit Vershofens auf diesem Spezialgebiet abgeschlossen werden.

Als rein *rational* handelnd bezeichnet Vershofen denjenigen — in der Praxis wohl kaum anzutreffenden — Verbraucher, der bei der Deckung eines Bedarfes *ausschließlich* den Grundnutzen, den ein Objekt

---

[42] Vershofen, Wilhelm: Licht im Spiegel, a. a. O., S. 78 und derselbe: Wirtschaft als Schicksal und Aufgabe, a. a. O., S. 238; bei dem an letzterer Stelle von Vershofen verwendeten englischen Ausdruck „obolescence" dürfte es sich um einen Druckfehler o. ä. handeln; mit Sicherheit ist der auch heute anzutreffende Terminus „obsolescence" gemeint.

[43] Vgl. hierzu insbesondere: Bergler, Georg: Das Risiko der künstlichen Veralterung in der modernen Absatzwirtschaft, Nachdruck aus „Det Danske Marked", Kopenhagen 1961, in: Jahrbuch der Absatz- und Verbrauchsforschung, a. a. O., 8. Jg., Heft 1, 1962, S. 1—31.

[44] Vgl. Vershofen, Wilhelm: Anmerkungen zu Adam Smith, in: Jahrbuch der Absatz- und Verbrauchsforschung. a. Jg., Nürnberg 1955, Heft 2, S. 141 ff. — An diese Tatsache knüpft er die Feststellung, daß man außer bei Adam Smith auch bei vielen anderen älteren Autoren Hinweise auf die Bedeutung des Verbrauchs und auf die Verbrauchsforschung finden könne. Dazu ist jedoch einschränkend zu sagen, daß es sich stets nur um Ansatzpunkte gehandelt hat.

zu bieten vermag, beachtet[45]. Diesem rationalen Handeln stellt er das *emotionale* gegenüber, bei dem das Marktsubjekt *auch* oder ausschließlich die zusätzlichen Nutzenarten berücksichtigt. Im wirklichen Leben kommt jedoch weder das eine noch das andere Handeln in völlig reiner Form vor, so daß auch nur vom Dominieren der rationalen bzw. der emotionalen Komponente des Handelns gesprochen werden kann[46]. An anderer Stelle[47] verwendet Vershofen die Begriffe „rationaler" bzw. „emotionaler Bedarf", ebenfalls jeweils mit dem Zusatz „vorwiegend"; ausschlaggebendes Kriterium für die Zuordnung ist aber in beiden Fällen das Verhältnis zwischen angestrebtem Grund- und Zusatznutzen.

Der Gesamtbedarf eines Marktsubjektes setzt sich zusammen aus „gebundenem" und aus „freiem" Bedarf; zu ersterem verdichten sich die unabweisbaren physischen Bedürfnisse, und nur der Rest der vorhandenen Kaufkraft kann dann zur Deckung der freien Bedarfe verwendet werden. Vershofen stellt nun fest, daß bei den gebundenen Bedarfen das rationale Moment vorherrsche, während bei den freien Bedarfen die Tendenz zu einem emotionalen Maximum zu verzeichnen sei[48].

Im Bereich des gebundenen Bedarfes sind seiner Meinung nach die zur Deckung angebotenen Mittel relativ überschaubar, wenigstens der Gattung nach, und das Handeln des Verbrauchers demgemäß einigermaßen vorhersehbar. Anders verhalte es sich bei den freien Bedarfen. Die Vielzahl der Reize, denen der Konsument ausgesetzt ist, können ihn veranlassen, schließlich ein völlig anderes als das ursprünglich ins Auge gefaßte Marktobjekt zu erwerben. Hat er doch in diesem Bereich theoretisch alle Freiheiten hinsichtlich der Nachfragegestaltung und der Gestaltung der Nutzenvorstellungen als dem Spiegelbild der Bedarfsimpulse; denn ein bestimmter Nutzen läßt sich mit Hilfe recht unterschiedlicher Mittel erzielen.

So gelangte Vershofen zu seiner Unterscheidung der verschiedenen Arten der Konkurrenz und deren Bedeutung, denen sich das Marktsubjekt in der Sphäre der freien Bedarfe ausgesetzt sieht; die gegenseitige Abgrenzung wurde von Scheubrein vorgenommen[49]:

„1. Horizontale Konkurrenz besteht zwischen allen Marktobjekten, die von der Nachfrage als gleiche Marktobjekte betrachtet werden.

---

[45] Eine weitergehende Erläuterung dessen, was Vershofen unter „rational" verstanden wissen will, findet sich bei ihm nicht, doch kann angenommen werden, daß er damit „zweckrational" im Sinne Max Webers meint.
[46] Vgl. Vershofen, Wilhelm: Handbuch ... a. a. O., S. 72.
[47] Vgl. derselbe: Wirtschaft ... a. a. O., S. 243.
[48] Ebenda.
[49] Scheubrein, Harald: Horizontale, vertikale und totale Konkurrenz. Eine absatzwirtschaftliche Studie, Nürnberg 1958, S. 64.

2. Vertikale Konkurrenz besteht zwischen allen Marktobjekten, die von der Nachfrage als zur Deckung eines *bestimmten* Bedarfes geeignet angesehen werden.
3. Totale Konkurrenz[50] besteht grundsätzlich zwischen *allen* Marktobjekten[51]."

Als Zusammenfassung aller Mittel, die den Anbietern im Konkurrenzkampf zur Verfügung stehen, verwendet Vershofen den Begriff „Reklame"[52]; von ihr sagt er: „Reklame wird für alles gemacht, was überhaupt auf den Markt kommt, aber sie zielt stärker dahin, die emotionale Markthaltung des Konsumenten zu beeinflussen und zu lenken, als die rationale. Man könnte in einer gewissen paradoxen Ausdrucksweise sagen, daß die Reklame die Emotionalität des Konsumenten zu beeinflussen sucht, damit die Produktion um so rationeller vor sich gehen könne[53]."

Wegen der Unbeständigkeit der Verbraucher bei der Ausgabe derjenigen Kaufkraftteile, die nicht für die Deckung der gebundenen Bedarfe benötigt werden, also wegen der vorwiegend irrationalen Haltung, ergeben sich zusätzliche Kosten und Risiken, die den Gütegrad der gesamten Wirtschaft beeinträchtigen[54]. Dabei versucht der „Mensch als Anbieter alles, was er kann, um den Menschen als Konsumenten zu einem stabilen Verbrauch zu bringen; aber er tut auch immer wieder das Entgegengesetzte, nämlich alles, was er kann, um den Verbraucher zum Konsum von Neuheiten zu bewegen"[55].

Die Inkonstanz bei der Deckung der freien Bedarfe findet sich jedoch nicht — wie vermutet werden könnte — in erster Linie nur bei relativ hohen Einkommen: „... sobald der gebundene Bedarf gedeckt ist, ist für jedes Einkommen die Verwendung des freien Bedarfes mehr oder minder dem Zufall überlassen; dieser ist nur innerhalb eines verhältnismäßig engen Rahmens mit einiger Sicherheit vorauszusehen[56]."

---

[50] Scheubrein weist darauf hin (a. a. O., S. 62), daß Vershofen die Erscheinung der „totalen Konkurrenz" schon viel früher erkannt, den Begriff dafür aber erst Mitte der 50er Jahre geprägt habe.
[51] Im Hinblick auf die verfügbare Kaufkraft.
[52] Dem müßte entschieden widersprochen werden, doch ist dazu hier nicht der rechte Ort.
[53] Vershofen, Wilhelm: Wirtschaft als Schicksal ..., a. a. O., S. 246.
[54] Ebenda, S. 253.
[55] Ebenda, S. 257.
[56] Ebenda, S. 244.

Dritter Teil

VI. Kritische Würdigung

1. Die Hilfswissenschaften — insbesondere Soziologie und Sozialpsychologie

Wenn man Vershofens Wirken auf dem hier zu behandelnden Gebiet überblickt, so fällt zunächst und in erster Linie die Konsequenz auf, mit der er seine aus den verschiedensten Wissenschaftsdisziplinen stammenden Einsichten über das menschliche Verhalten für die Grundlegung einer speziellen Theorie des Verbraucherverhaltens ausgewertet hat. Dieses Übergreifen war für einen Wissenschaftler durchaus nicht selbstverständlich, sondern hatte in anderen Fällen schon zu schweren methodologischen Auseinandersetzungen geführt. Wirtschafts-, Sozial- und Kulturgeschichte, Volkstumskunde und Anthropologie, Psychologie und Soziologie, um nur die wichtigsten Quellen der Einsichten über menschliches Verhalten zu nennen, mußten aber erschlossen werden, wenn man dem längst als blutleere Fiktion erkannten homo oeconomicus im Bereich des Konsums eine wirklichkeitsnähere Figur gegenüberstellen wollte. Auch erwies sich Vershofens bevorzugte wissenschaftliche Forschungsmethode, die der entfaltungsgeschichtlichen Darstellung, gerade auf diesem Gebiet als besonders fruchtbar.

Vershofen sah in der Wirtschaft selbst eine fundamentale Lebensäußerung der menschlichen Gesellung (wie z. B. die Kunst, die Religion, die Sprache usw. auch), und war der Meinung, daß jede wirtschaftswissenschaftliche Forschung von der Gesellung auszugehen habe. Daher gab es für ihn auch keine speziell im Wirtschaftsbereich und nur dort geltenden Gesetze, sondern auch dort erkannte er die gleichen Gesetze, wie sie für die menschliche Gesellung schlechthin gelten. Das wesentlichste Charakteristikum dieser Gesellung war für ihn das Gesetz der Polarität, unter dem sie steht, und zwar sieht er sowohl den einzelnen Menschen in sich als auch in seinen Beziehungen zur Gesellung polar gespannt, und weder kann der einzelne ohne die Gestalt der Gesellung, noch diese ohne den einzelnen bestehen[1].

---

[1] Vgl. hierzu: „Leitsätze der Nürnberger Schule", zusammengestellt vom Nürnberger Schülerkreis, in: Festgabe für Wilhelm Vershofen, Nürnberg 1937, S. 94; vgl. auch S. 15 f. der vorliegenden Arbeit.

VI. Kritische Würdigung

Deshalb war Vershofen auch der Meinung, daß „Wirtschaftswissenschaft nur möglich ist auf Grund eines eingehenden Verstehens der Grundbedingungen menschlicher Gesellung. So muß alle wirtschaftliche Betrachtung zuletzt fußen auf soziologischem Verständnis"[2].

Die so charakterisierte Gesellung und die in ihr wirkenden Spannungen führen zu bestimmten sozialen Haltungen auch beim Verbrauch. Als Schlüssel zu deren Verständnis erkannte Vershofen die Bedeutung der verschiedenen Nutzenarten, wobei er dem von ihm so benannten „Geltungsnutzen" die größte Aufmerksamkeit widmete.

Es wurde schon erwähnt, daß sich bereits vor Vershofen in der sozialwissenschaftlichen Literatur Hinweise darüber finden lassen, daß die Menschen immer wieder und zu allen Zeiten auch im Verbrauch ein Mittel zur Erzielung von sozialem Ansehen erblickt haben[3]; aber dabei handelte es sich fast stets nur um mehr oder weniger ausführliche Randbemerkungen. Mit den wirtschaftlichen Konsequenzen derartigen Verhaltens befaßten sich vor Vershofen vor allem Thorstein *Veblen*[4] und als dessen „Vorläufer"[5] John *Rae*[6]. Nach *Johnson*[7] nahm letzterer wesentliche Gedankengänge Veblens und insbesondere dessen Verurteilung der „conspicuous consumption" um einige Jahrzehnte vorweg.

Freilich konnten diese frühen Autoren noch nicht zu jenen subtilen Einsichten gelangen, wie sie Vershofen einige Jahrzehnte später möglich waren; denn die hierfür notwendigen Voraussetzungen in Form entsprechender sozialer Verhältnisse (als Massenerscheinung) fanden sich erst im 20. Jahrhundert. Bei seiner Aufgeschlossenheit derartigen sozialwissenschaftlichen Phänomenen gegenüber mußte Vershofen dann allerdings geradezu zwangsläufig zu seiner Feststellung kommen, daß das an sich uralte Geltungsstreben in der Gegenwart immer mehr und mehr ausschließlicher mit Hilfe wirtschaftlicher Mittel, und dies bedeu-

---

[2] Vershofen, Wilhelm: Zur neuzeitlichen wirtschaftswissenschaftlichen Forschung, in: Markt und Verbrauch, 15. Jg., Berlin 1943, S. 58; (mit diesem Heft 3 stellte die Zeitschrift ihr Erscheinen ein).

[3] Hier sind z. B. zu nennen: F. B. W. Hermann, W. Roscher, A. Wagner, G. Schmoller, L v. Brentano, W. Sombart.

[4] Veblen, Thorstein Bunde: The Theory of the Leisure Class, New York 1899; weil die hier interessierenden Gedankengänge Veblens inzwischen weithin bekannt sein dürften, erübrigt sich ein näheres Eingehen auf sie an dieser Stelle.

[5] Vgl. Rinsche, G. Der aufwendige Verbrauch — sozialökonomische Besonderheiten geltungsbedingter Nachfrage, in: Kreikebaum, H. und Rinsche, G.: Das Prestigemotiv in Konsum und Investition, Berlin 1961.

[6] Rae, John: Statement of Some New Principles on the Subject of Political Economy, Boston 1834; Neuauflage: The Sociological Theory of Capital, New York 1905.

[7] Vgl. Johnson, E. A. J.: John Rae, in: Encyclopaedia of the Social Sciences, (ed. E. R. A. Seligman) Vol. XIII, New York 1935, S. 68.

tet durch entsprechendes Verhalten beim Verbrauch, befriedigt wird: „... es gilt diese Maxime: Ich will dir zeigen, was ich verbrauchen kann, und sehen, ob du mich anerkennst, mich bewunderst oder gar beneidest[8]."

Im Gegensatz zu Veblen aber, der seinerzeit den demonstrativen Verbrauch zum Zwecke der Erlangung gesellschaftlichen Ansehens als Privileg nur einer bestimmten Klasse, eben das der „Leisure Class" gebrandmarkt hatte, stellte Vershofen nun — zunächst völlig leidenschaftslos[9] — für die Gegenwart diese Verhaltensweise als Merkmal der modernen Gesellschaft schlechthin fest.

Am Phänomen Geltungsnutzen läßt sich besonders deutlich nachweisen, daß ohne Berücksichtigung des psychologischen Faktors wirtschaftliche Theorie und Wirklichkeit nur schwer in Übereinstimmung zu bringen sind. „Die ablehnende Haltung der modernen Wirtschaftsthorie gegen die Einbeziehung des ‚menschlichen Elements' ist (daher) um so verwunderlicher, als am Anfang der Nationalökonomie eine sehr entschiedene Neigung zu ‚psychologischen' Hypothesen bestand[10]." Heute noch kann es jedoch geschehen, daß Erkenntnisse, die unter Berücksichtigung psychologischer Faktoren gewonnen sind, schon allein aus diesem Grunde — ohne weitere sachliche Prüfung — als „unwissenschaftlich" verworfen werden. Auch Vershofen begegnete — wie erwähnt — in den dreißiger Jahren bei seiner Arbeit solchem Unverständnis[11]. *Ein* Grund für die Ablehnung der Psychologie in der Wirtschaftstheorie mag darin zu finden sein, daß man mehr oder weniger deutlich die Unhaltbarkeit des „populär-introspektiven Rationalismus, dem der Hedonismus eine gelehrte Formulierung gegeben hatte"[12] erkannt hat, ohne sich nun allerdings um wirklichkeitsnähere Ansatzpunkte für die Bestimmung der menschlichen Antriebskräfte zu bemühen.

Für Vershofen folgte die zwingende Notwendigkeit zum Einbeziehen der Psychologie aus der Erkenntnis, daß das Verstehen der Meinungen

---

[8] Vershofen, Wilhelm: Wirtschaft als Schicksal und Aufgabe, 2. Aufl., Wiesbaden 1950, S. 271.

[9] In seinen wissenschaftlichen Veröffentlichungen unterdrückte er weithin seinen Unmut über den geschilderten Sachverhalt, um ihn in seinen philosophischen Werken um so deutlicher werden zu lassen.

[10] Schmölders, G.: Ökonomische Verhaltensforschung, in: ORDO, 5. Band, Düsseldorf und München 1953, S. 203 ff., speziell S. 206—213; vgl. ferner Habisreitinger, Horst: Konkurrenz und Kooperation, Berlin 1959, S. 36 ff. und Jöhr, E. A.: Nationalökonomie und Psychologie, in: Wirtschaftsfragen der freien Welt, Frankfurt/Main 1957.

[11] Vgl. Bergler, Georg: Die Entwicklung, a. a. O., S. 57.

[12] Myrdal, G.: Das politische Element in der nationalökonomischen Doktrinbildung, Berlin 1932, S. 20.

des Verbrauchers und deren Motivierungen für die sachgerechte Beurteilung mindestens ebenso wichtig ist wie die Feststellung, ob es sich um objektiv richtige oder falsche Meinungen handelt, weil sie in beiden Fällen Beweggründe der Markthaltung und damit des tatsächlichen wirtschaftlichen Geschehens bleiben[13].

Der Ausgangspunkt für die Analyse der seelischen Vorgänge ergab sich für Vershofen aus seiner Anschauung, daß das Bedürfniserlebnis des Menschen nicht nur aus der Eigenart des Individuums stammt, sondern daß dabei auch bereits geselliche Einflüsse mitwirken: „Nirgendwo läßt sich die Quelle der Tätigkeit des Menschen lediglich im Individuum allein finden, so wenig es ein isoliertes Individuum als Regel je geben kann. Auch die Verdichtung der Bedürfnisse zu Bedarfen ... ist nie ein Geschehnis der reinen Individualsphäre, sondern ist stets mitbestimmt durch die Verhältnisse — und nicht zuletzt durch die gesellichen —, in denen das Individuum lebt[14]."

Damit nahm er schon frühzeitig die moderne anthropologisch fundierte Sozialpsychologie vorweg, als deren Vertreter hier *Beck* zu Wort kommen soll, der gerade diesen Zusammenhang noch pointierter herausarbeitet, als es z. B. *Hellpach* tut; seine Grundkonzeption ist die „sozial individuale Polarität als strukturelle Eigentümlichkeit der menschlichen Seele", und er beschreibt das Phänomen folgendermaßen: „Das Sozialsein ist der eine seelische Pol, der mit dem Individualsein als dem anderen seelischen Pol im notwendigen Zusammen das Dispositionsgefüge der menschlichen Seele konstituiert[15]." *Mayer* geht noch einen Schritt weiter, wenn er schreibt: „... dämmert allenthalben die Einsicht..., daß es in re so etwas wie eine ‚Individualpsyche' im Sinne des ‚solus ipse' gar nicht gibt.., sondern daß der einzelne von Grund auf in seinem Wesen und Handeln schon immer ‚Mit-mensch' ist, daß sein Dasein wesenhaft ‚Mit-sein' besagt und sein Mitmenschsein daher sein Dasein ex essentia konstituiert — daß also eine Scheidung in Individual- und Sozialpsyche bei dem heutigen Stand der Forschung in Methode und Gehalt zwar noch eine Notwendigkeit ist, die aber mit dem Fortschreiten der Methoden und Erkenntnisse der Möglichkeit einer me-

---

[13] Es kann hier hingewiesen werden auf die klärende Aussprache über die Begriffe „Meinungen", „Tatsachen" und „Handlungen" zwischen Vershofen, Schäfer und Proesler, in: Markt und Verbrauch, 13. Jg., Berlin 1941, Hefte 5/6, 9/10 und 11/12; vgl. auch Spiegel, Bernt: Die Struktur der Meinungsverteilung im sozialen Feld. Das psychologische Marktmodell, Bern und Stuttgart 1961, S. 29.

[14] Vershofen, Wilhelm: Wirtschaftswissenschaftliche Forschung ... a. a. O., S. 59.

[15] Beck, Walter: Grundzüge der Sozialpsychologie, München 1953, S. 103 f.; Beck erwähnt in diesem Zusammenhang auch ausdrücklich Vershofen.

thodischen und materiellen Erfassung des konkreten lebendigen Daseinsvollzugs Platz zu machen verspricht[16].

Diese Zitate zeigen eindringlich, daß Vershofen mit der Einsicht von dem in der Sozietät polar-gespannten Individuum den optimalen Ausgangspunkt für seine spezifischen Forschungen gewählt hatte.

2. Der wissenschaftliche Ort der Verbrauchsforschung

Mehrfach tauchten im Verlaufe der bisherigen Ausführungen weitere Grenzgebiete auf, die bei der Erforschung des Verbraucherverhaltens als Hilfswissenschaften höchst aufschlußreiche Einsichten zu vermitteln in der Lage sind. Mit dem Terminus „Hilfswissenschaften" wird dabei schon darauf hingewiesen, daß die Verbrauchsforschung einerseits ein Teilgebiet zahlreicher und recht unterschiedlicher Fachdisziplinen ist. Andererseits wurde sie zu einer „nach Problemstellung und Erkenntniszweck arteigenen, selbständigen Forschungsdisziplin"[17], und dies wohl in erster Linie im deutschsprachigen Raum aufgrund der entscheidenden Anstöße, die dazu von der Nürnberger Schule ausgingen. Vershofen selbst machte sich allerdings über den wissenschaftlichen Ort der Verbrauchsforschung noch nicht allzuviel Gedanken, sondern rechnete sie einerseits, soweit sie die Umwandlung des Nominaleinkommens in Realeinkommen und die dabei zu beobachtenden Vorgänge der Marktentnahme betrifft, „ganz eindeutig" zur Volkswirtschaftslehre, während die Erforschung der Realeinkommensverwendung seiner Meinung nach in das Gebiet der erst noch zu schaffenden Hauswirtschaftslehre fällt[18].

Zu einer schärferen Klärung erscheint es zweckmäßig, daran zu erinnern, daß innerhalb der Nürnberger Schule Verbrauchsforschung mit unterschiedlicher Zielsetzung betrieben wurde: Einmal hatte man eine allgemeine Theorie des Verbraucherverhaltens im Auge, bemühte man sich also um generelle, nicht objektbezogene Einsichten über Verhaltensweisen und Einstellungen der Verbraucher im Markte. Neben den obenerwähnten Hilfsquellen der verschiedensten Arten wurden hierfür in besonders großem Umfange auch Ergebnisse des anderen Zweigs der Verbrauchsforschung ausgewertet. Bezeichnet man den ersteren als

---

[16] Mayer, Arthur: Die soziale Rationalisierung des Industriebetriebes. Ein Beitrag zur theoretischen Grundlegung einer Sozialpsychologie des Industriebetriebes. München-Düsseldorf 1951, S. 13.

[17] Lorenz, Charlotte: Soziologische und marktwirtschaftliche Verbrauchsforschung, in: Festgabe für Georg Jahn, Hrsg. Karl Muhs, Berlin 1955, S. 285—350.

[18] Vgl. Vershofen, Wilhelm: Handbuch... a. a. O., S. 59; ferner: Egner, Erich: Eigenart und Aufgabe hauswirtschaftlicher Forschung, in: Zeitschrift für die gesamte Staatswissenschaft, 114. Band, 2. Heft, Tübingen 1958, S. 251 ff.

„theoretische Verbrauchsforschung", so ist dieser letztere als „praktische Verbrauchsforschung" zu charakterisieren. Hier besteht das Ziel nämlich darin, Nutzanwendungen im Hinblick auf ein bestimmtes Gut, eine bestimmte Branche oder für die Gesamtwirtschaft zu ermöglichen; dieser Teil der Verbrauchsforschung kann sowohl einzelwirtschaftlichen wie auch gesamtwirtschaftlichen Zwecken dienen. Selbstverständlich wurden hierbei nun umgekehrt — soweit vorhanden — Erkenntnisse der „allgemeinen Theorie" verwertet. Die fruchtbare Synthese beider Forschungsrichtungen nachhaltig gefördert zu haben, ist gerade eines der wesentlichsten Verdienste der Nürnberger Schule.

Die immer wieder im Schrifttum anzutreffende Feststellung, daß die Verbrauchsforschung ein Teil der Marktforschung sei, gibt hier Anlaß, den wissenschaftlichen Ort der Verbrauchsforschung etwas exakter zu bestimmen. Nach *Schäfer*[19] ist Gegenstand der Marktforschung immer ein „subjektiver" Markt (im Einzelfall „unternehmenssubjektiv", „branchensubjektiv" oder „volkswirtschaftssubjektiv"), d. h. der Markt wird jeweils von einem bestimmten Interessenstandpunkt aus durchleuchtet. Diesen subjektiven Markt grenzt Schäfer ab gegen den objektiven Markt der Volkswirtschaftslehre bzw. der Markttheorie, der um seiner selbst willen erforscht werde.

Akzeptiert man diese Unterscheidung, dann darf die Verbrauchsforschung nur noch teilweise der Marktforschung zugerechnet werden, nämlich mit dem Zweig, der praktische Aufgaben zu erfüllen hat, während der andere Zweig in das Gebiet der Markttheorie gehört. In diesem Fall muß aber auch Vershofens Meinung korrigiert werden: die von irgendwelchen Interessenstandpunkten aus durchgeführte Verbrauchsforschung ist dann nicht länger Teilgebiet der Volkswirtschaftslehre, sondern vielmehr der Marktforschung, die ihrerseits der Betriebswirtschaftslehre zuzuordnen ist.

Vershofen selbst kam von der Marktforschung im hier verstandenen Sinne zur Verbrauchsforschung[20]; er konzentrierte seine Arbeit zunehmend auf die Elemente einer Theorie des Verbraucherverhaltens, weil sein Interesse an den allgemeingültigen Zusammenhängen überwog, wie er immer wieder betonte[21]; die praktische Verbrauchsforschung delegierte er fast vollständig auf eine große Anzahl von Schülern.

---

[19] Vgl. Schäfer, Erich: Marktforschung, in: Handwörterbuch der Sozialwissenschaften, Stuttgart-Tübingen-Göttingen 1961, 7. Band, S. 147—161.
[20] Vgl. Bergler, Georg: Entwicklung der Verbrauchsforschung..., a. a. O., S. 55.
[21] Vgl. Vershofen, Wilhelm: Versuch einer Klärung der Problematik der deutschen Verbrauchsforschung, in: Markt und Verbrauch, 14. Jg., Berlin 1942, S. 161.

2. Der wissenschaftliche Ort der Verbrauchsforschung

Mit der methodologischen Charakterisierung der Verbrauchsforschung haben sich außerhalb des Nürnberger Kreises — soweit zu übersehen ist — Charlotte v. Reichenau[22], Charlotte Lorenz[23] und zuletzt Erich Egner[24] und Karl Gustav Specht[25] eingehender befaßt[26].

Lorenz weist — nach der allgemeinen Anerkennung seiner Pionierarbeit — auf die speziellen Verdienste Vershofens als „Begründer der Verbrauchslehre als soziologische Forschungsaufgabe" hin[27]. Veranlassung hierfür mögen u. a. wohl die nachstehenden Zitate aus dem Handbuch der Verbrauchsforschung sein: „... Qualitative Verbrauchsforschung führt zur Verbrauchersoziologie ... im Sinne einer Erkenntnis, welche allgemeine Bedeutung die Befriedigung von Bedürfnissen durch bereitete Mittel hat, wo die Grenzen dieser Befriedigung zu suchen sind und welche Möglichkeiten der Lenkung auf diesem Gebiet bestehen..." und „... Alle Forschungsgebiete des Gesellungs- und Wirtschaftslebens werden (durch die Verbrauchsforschung, H. M.) neue Einsichten und Vertiefungen erlangen"[28]. Lorenz unterscheidet daher zwischen „soziologischer" und „marktwirtschaftlicher" Verbrauchsforschung wie folgt[29]:

„... Ihrem Gehalt und Erkenntniszweck nach läßt sich die *soziologische* Verbrauchsforschung charakterisieren als die Beobachtung und Ergründung der Grundbedingungen, der Ordnung, Gestalt und Betätigung des privaten Verbrauchshaushalts zum Zwecke der existentiellen und kulturellen Lebensbefriedigung. Dieser Umschreibung entsprechend läßt sich das Sachgebiet in die drei Hauptabschnitte
1. Grundlagen der soziologischen Verbrauchshaltung
2. Ordnung und Gestaltung des privaten Verbrauchshaushalts und
3. Verhalten und Betätigung des Verbrauchshaushalts

aufgliedern ...

In der allgemeinen Überschau läßt sich das Gesamtgebiet der *marktwirtschaftlichen* Verbrauchsforschung kennzeichnen als die Beobachtung und Ergründung der im marktwirtschaftlichen Zusammenhang wirksamen Ordnung, Funktionsweise, Gestaltung und Ablaufsbewegung des gesamtvölki-

---

[22] Vgl. v. Reichenau, Ch.: Probleme der Verbrauchsforschung, a. a. O.
[23] Vgl. Lorenz, Ch.: Soziologische und marktwirtschaftliche Verbrauchsforschung, a. a. O.
[24] Vgl. Egner, Erich: Eigenart..., a. a. O.
[25] Vgl. Specht, Karl Gustav: Aufgaben, Möglichkeiten und Standort der Verbraucherforschung, in: Bock, Josef und Specht, K. G. (Hrsg.): Verbraucherpolitik, Köln und Opladen 1958, S. 17 ff.
[26] Von H. J. F. *Kropff* sei hier einmal abgesehen, weil dieser sich so intensiv mit den Nürnberger Arbeiten auseinandergesetzt und identifiziert hat, daß man ihn als zur Nürnberger Schule gehörend bezeichnen kann.
[27] Lorenz, Ch.: a. a. O., S. 288.
[28] Vershofen, Wilhelm: Handbuch der Verbrauchsforschung, a. a. O., S. 86 und S. 163.
[29] Lorenz, Charlotte: a. a. O., S. 288 (im Original ohne Hervorhebung).

schen und privaten Verbrauchshaushalts. Bei dieser Umschreibung, die den Akzent auf den allgemein-marktwirtschaftlichen Problemkreis der vorwiegend objektiven Betrachtungsweise und den quantitativen Charakter der Merkmalsarten des Untersuchungsobjektes... legt, hebt sich die marktwirtschaftliche Verbrauchsforschung von der ausgeprägt subjektiven, individualwirtschaftlichen und qualitativen Betrachtungsweise der soziologischen Verbrauchsforschung ab."

Diese Unterscheidung innerhalb der Verbrauchsforschung dürfte jedoch kaum Vershofens Zustimmung gefunden haben; er war — trotz aller „Anleihen" bei Nachbardisziplinen — im Bereich der Verbrauchsforschung letztlich doch immer *Wirtschafts*wissenschaftler geblieben. Die zitierte Autorin dagegen scheint als Vertreterin der empirischen Sozialtheorie in erste Linie daran interessiert zu sein, mit Hilfe der Verbrauchsforschung „Sozialgesetze" als statistisch fundierte Aussagen über Wesensformen, Gestaltungen und Abläufe des Gesellschaftslebens zu gewinnen. Es sind demnach die unterschiedlichen Zielsetzungen, die die beiden, neben v. Reichenau einzigen nachhaltig engagierten Theoretiker der Verbrauchsforschung in Deutschland letzten Endes voneinander trennen; doch schließt diese Feststellung keineswegs aus, daß jede Forschungsrichtung von der anderen wesentliche Erkenntnisse vermittelt erhält[30].

3. Vershofens Resonanz im wissenschaftlichen Schrifttum

Für eine kritische sachliche Würdigung der Arbeiten Vershofens auf dem Gebiet der Verbrauchsforschung ist es notwendig, ihrer Resonanz in der wirtschaftswissenschaftlichen Fachwelt nachzuspüren[31]. Dabei muß jedoch wenigstens in Andeutungen den besonderen Zeitumständen Rechnung getragen werden, denen sich die neue Lehre vom Menschen als dem Mittelpunkt allen wirtschaftlichen Geschehens ausgesetzt sah. Staatliche Wirtschaftspläne und die eindeutige Unterordnung der Wirtschaft unter politische Ziele ließen im Bereich des Konsums lediglich die Frage nach Möglichkeiten der Verbrauchslenkung zu und Vershofens Charakterisierung des Verbrauchers als „wirtschaftliche Großmacht"[32] demgegenüber als anachronistisch erscheinen. Hinzu kommt die bekannte Erscheinung, daß neue wissenschaftliche Erkenntnisse — sofern sie nicht gerade die Waffentechnik zu revolutionieren verspre-

---

[30] Im übrigen finden sich in der zitierten Arbeit von Lorenz eine Reihe gut fundierter Urteile über Vershofens Erkenntnisse.

[31] Über die Aufnahme seiner Gedanken und Anregungen durch die Wirtschaftspraxis hat eingehend berichtet: Bergler, Georg: Die Entwicklung..., a. a. O.

[32] Vgl. Vershofen, Wilhelm: Wirtschaftliche Großmächte, I. Der Konsument, in: Die deutsche Fertigware, 5. Jg., Stuttgart 1933, Teil A, S. 49 ff.

3. Vershofens Resonanz im wissenschaftlichen Schrifttum

chen — stets erst nach einem mehr oder weniger großen time-lag von der einschlägigen Wissenschaft rezipiert werden — und Vershofens „Wiederentdeckung des Verbrauchers"[33] war eine solche neue Einsicht. Freilich ist auch noch eine weitere Eigentümlichkeit im wissenschaftlichen Bereich zu konstatieren, doch ist hierbei Ursache und Wirkung nicht leicht zu bestimmen. Mit ganz wenigen Ausnahmen bezieht sich Vershofen in seinen Veröffentlichungen kaum auf andere Autoren, die zu manchen Einzelfragen der behandelten Probleme schon vor ihm Wesentliches beigesteuert haben. Ist diese Unterlassung mit daran schuld, daß nun andere Autoren ihrerseits keine Kenntnis nahmen bzw. ihre Kenntnisnahme nicht zum Ausdruck brachten? Schließlich dürften auch die Kriegsverhältnisse dazu beigetragen haben, daß Vershofens Gedankengut nicht die ihm zukommende Verbreitung gefunden hat.

So ist *Kropff* durchaus zuzustimmen, wenn er konstatiert, daß die „Pionierleistung von Wilhelm Vershofen... in der Turbulenz des 2. Weltkrieges und seiner Folgezeit fast völlig verschüttet wurde"[34].

Dies bestätigt die Entwicklung nach dem Kriege: Erst als mit vielem anderen auch die Markt- und Verbrauchsforschung als neue Errungenschaft aus Amerika importiert wurde, besann sich der eine oder andere doch auch auf die in den dreißiger Jahren in Nürnberg geleistete Arbeit und ihre Ergebnisse. Freilich konnte noch 1953 der zitierte grundlegende Aufsatz über ökonomische Verhaltensforschung erscheinen[35], ohne daß darin auch nur mit einem Wort auf die „Nürnberger Schule" eingegangen wird; 1959 wurde eine „kritische Würdigung der deutschen Marktforschung"[36] veröffentlicht, in der sich keinerlei Bezugnahme auf die erste und bis Kriegsende einzige deutsche Fachzeitschrift für Markt- und Verbrauchsforschung findet; das Handwörterbuch der Sozialwissenschaften endlich enthält in seiner im Oktober 1961 erschienenen 38. Lieferung zwar das Stichwort „Nutzen", doch bringt der Aufsatz nur ganz am Rande einen Hinweis auf die Erscheinung des Grund- und des Zusatznutzens, nicht jedoch eine Beschreibung des Phänomens Geltungsnutzen. Gerade der letztere Tatbestand überrascht dann doch sehr, denn wer sich auch nur flüchtig in der einschlägigen wissenschaftlichen Literatur umsieht, der findet wenigstens die von Vershofen geprägten *Begriffe* weit verbreitet, wenn auch nicht in jedem Fall mit dem ihnen ursprünglich beigelegten Sinn.

---

[33] Vgl. Vershofen, Wilhelm: Verbrauchslenkung und Wiederentdeckung des Verbrauchers, in: Die deutsche Fertigware, 7. Jg., Stuttgart 1935, S. 105 ff.

[34] Kropff, H. F. J.: Motivforschung. Methoden und Grenzen. Essen 1960, S. 427.

[35] Schmölders, G.: Ökonomische Verhaltensforschung, a. a. O.

[36] Berth, Rolf: Marktforschung zwischen Zahl und Psyche. Eine Analyse der befragenden Marktbeobachtung in Westdeutschland. Stuttgart 1959.

VI. Kritische Würdigung

Hans *Freyer* hat einmal über Ferdinand *Tönnies* gesagt, daß dessen Wirkung nicht zuletzt im Hinblick auf seine Terminologie so umfassend sei, „daß sie anonym und beinahe unterirdisch vor sich geht" und daß sein Erfolg darin bestehe, daß sein Gedankengut zu einem großen Teil „längst zum allgemeinen und fraglosen Bildungsbestand (gehört), so daß der eigentliche Autor über seinen Gedanken vergessen wird"[37]. Für wesentliche Teile seiner Einsichten im Bereich der Verbrauchsforschung gilt diese Feststellung auch für Vershofen.

Bei denjenigen Autoren nun, die Vershofens Gedanken aufgegriffen und weiterentwickelt haben, unterscheidet man zweckmäßigerweise zwischen den Angehörigen der „Nürnberger Schule", die regelmäßig auch Schüler Vershofens waren, und den „Außenstehenden".

Weil es sich bei Vershofens Bemühen um eine Aufhellung des Verbraucherverhaltens im Markte um einen völlig neuen Aspekt der Wirtschaftswissenschaften handelte, ergab sich zwangsläufig die Notwendigkeit, diesen zunächst einmal überhaupt erst bekanntzumachen. Vershofen fand viele begeisterte Schüler, die sich in ihren Veröffentlichungen für seine Sache einsetzten bzw. sie zu ihrer eigenen machten, und zwar indem sie entweder die theoretischen Grundlagen interpretierten oder aber die Weiterentwicklung zur Gewinnung spezieller Erkenntnisse betrieben. Als Publikationsorgan bot sich hier in erster Linie die von Vershofen begründete Zeitschrift des Instituts für Wirtschaftsbeobachtung an, die nacheinander die Titel „Der Markt der Fertigware", „Die Deutsche Fertigware" und „Markt und Verbrauch" trug und von 1929 bis 1943 erschien. Bei aller Würdigung der aufschlußreichen und bedeutsamen Ergebnisse, die erarbeitet wurden, muß nach genauerer Durchsicht aber doch festgestellt werden, daß sich echte wissenschaftliche Kritik an der Lehre Vershofens aus diesem Kreis kaum findet[38]. In der Nachkriegszeit traten mit eingehenderen wissenschaftlichen Arbeiten über Vershofens Theorie des Verbraucherverhaltens vor allem Georg *Bergler*[39], Horst *Habisreitinger*[40] und Herbert *Wilhelm*[41] hervor;

---

[37] Vgl.: König, René: I. Zur Problematik und Anwendung der Begriffe Gemeinschaft und Gesellschaft — Die Begriffe Gemeinschaft und Gesellschaft bei Ferdinand Tönnies. In: Kölner Zeitschrift für Soziologie und Sozialpsychologie, N. F. 7. Jg., Köln und Opladen 1955, S. 350.

[38] Die Ursache hierfür könnte darin gesehen werden, daß ja aufgrund des Lehrer-Schüler-Verhältnisses Meinungsverschiedenheiten in unmittelbarer Diskussion behandelt und geklärt werden konnten und so die öffentliche Auseinandersetzung vermieden wurde. — Als Ausnahme hiervon vergleiche aber: Schäfer, Erich: Zwischenbilanz der Verbrauchsforschung, a. a. O.

[39] Vgl.: Bergler, Georg: Der Stand der Konsumforschung in Deutschland, in: Der Markenartikel, München, Sept. 1952; ders.: Meinungsforschung und Verbrauchsforschung, in: Jahrbuch der Absatz- und Verbrauchsforschung, a. a. O., 1. Jg., 1954.

[40] Vgl.: Habisreitinger, Horst: Konkurrenz und Kooperation, a. a. O.

[41] Vgl. Wilhelm, Herbert: Der Marktautomatismus als Modell und prak-

3. Vershofens Resonanz im wissenschaftlichen Schrifttum

spezielle Würdigungen der Lebensarbeit Vershofens finden sich in verschiedenen Festschriften[42] und vor allem aus der Feder Georg *Berglers*[43].

Zwischen den Schülern Vershofens und der Gruppe der Außenstehenden sind hier zwei Autoren zu nennen, die nach ihrem wissenschaftlichen Werdegang zwar nicht als „Schüler" angesprochen werden können, die sich aber so eingehend mit der neuen Lehre vom Menschen als Verbraucher befaßt haben, daß sie beide als zur Nürnberger Schule gehörend bezeichnet werden dürfen. Daß H. J. F. *Kropff* und Hans *Proesler* durch eben die erwähnte wissenschaftliche Unabhängigkeit von Vershofen einerseits und ihr besonderes Interesse an der Sache andererseits fruchtbare Beiträge zu einer Festigung der Theorie zu liefern in der Lage waren, überrascht so nicht. Gerade in ihrer Auseinandersetzung über methodische Probleme, die sich an der Besprechung eines Buches von Kropff[44] durch Proesler entzündete, beleuchten beide Autoren verschiedene Probleme der Verbrauchsforschung recht kritisch. Während es nämlich Proesler bei der Verbrauchsforschung in erster Linie um das Verstehen und die Deutung des Verbraucherverhaltens aus soziologischer Sicht ging[45], machte Kropff geltend, daß — bei aller Anerkennung über die Einbeziehung der Psychologie in die Arbeit der Nürnberger Schule — die „psychologische Seite der Verbrauchsforschung" immer noch nicht ausreichend berücksichtigt würde[46].

---

tisches Ziel, Wiesbaden 1954; ders.: Die „Irrationalität" des Verbrauchers, in: Die Gesellung, Zeitschrift für Wirtschaft und Kultur, hrsg. von der Wilhelm-Vershofen-Gesellschaft, o. O., 1. Jg. 1954, Heft 2, S. 1 ff.; ders.: Werbung als wirtschaftstheoretisches Problem, Berlin 1961.

[42] Vgl. o. Verf.: Festgabe für Wilhelm Vershofen, hrsg. von seinen Schülern, Leipzig 1937; Marktwirtschaft und Wirtschaftswissenschaft, eine Festgabe aus dem Kreise der Nürnberger Schule zum 60. Geburtstage von Wilhelm Vershofen, Hrsg. Georg Bergler und Ludwig Erhard, Berlin 1939; Kultur und Wirtschaft, eine Festgabe zum 70. Geburtstag von Wilhelm Vershofen, Hrsg. Georg Bergler, o. O. 1949.

[43] Vgl. Bergler, Georg: Der Beitrag Wilhelm Vershofens zur Marktforschung, in: ZfB, Wiesbaden 1954, S. 242 ff.; ders.: Marktforschung und Motivforschung. Zum 80. Geburtstag von Wilhelm Vershofen, in: ZfB, Wiesbaden 1958, S. 727.

[44] Vgl. Kropff, H. J. F.: Die psychologische Seite der Verbrauchsforschung, Leipzig 1941.

[45] Hier lassen sich Gemeinsamkeiten mit der erwähnten Auffassung Ch. Lorenz' erkennen.

[46] Vgl. hierzu im einzelnen: Proesler, Hans: Ansatzpunkte für die psychologische Betrachtungsweise in der Verbrauchsforschung, in: Markt und Verbrauch, Berlin 13. Jg., 1941, S. 226 ff.; Kropff, H. J. F.: Versuch einer Klärung der Problematik der deutschen Verbrauchsforschung, in: Markt und Verbrauch, Berlin 14. Jg. 1942, S. 25 ff.; hierzu die Erwiderung von Vershofen und Proesler im gleichen Jahrgang der Zeitschrift, S. 159 ff.; und schließlich Kropff, H. J. F.: Teilweise geglückter Versuch einer Klärung der Problematik der deutschen Verbrauchsforschung, in: Markt und Verbrauch, Berlin 15. Jg. 1943, S. 26 ff.

VI. Kritische Würdigung

Proesler befaßt sich nach dem zweiten Weltkrieg kaum mehr mit der Verbrauchsforschung; dagegen hat sich Kropff bis in die jüngste Zeit hinein immer wieder sowohl in theoretischer als auch in praktischer Sicht mit ihr beschäftigt und dabei nie versäumt, auf die Vorarbeiten der Nürnberger Schule aus der Zeit vor dem Kriege nachdrücklich hinzuweisen.

Bei den Autoren, die nicht der Nürnberger Schule angehören oder ihr nahestehen, empfiehlt sich wiederum eine Trennung in zwei Gruppen. Da sind zunächst diejenigen zu nennen, die entweder in eingehenderen Buchbesprechungen oder in anderen eigenen Veröffentlichungen Vershofens Arbeit überwiegend nur referierend würdigen, ohne selbst mehr als am Rande dazu Stellung zu nehmen; hierher gehören etwa *Linhardt*[47], *Egner*[48], *Lorenz*[49], *Angehrn*[50] und aus jüngster Zeit z. B. *Rinsche*[51]. Die interessantesten Ansatzpunkte finden sich dagegen in sachlichen Auseinandersetzungen, wie sie z. B. vorliegen von *Lisowsky*[52], *v. Reichenau*[53] und *Hundhausen*[54].

Der Vollständigkeit — nicht ihres sachlichen Wertes wegen sei auch noch auf eine mitteldeutsche Veröffentlichung hingewiesen, deren Verfasser sich in sehr eingehender, jedoch durch Ignoranz und Naivität seiner Argumentation erschütternder Weise mit den „Grundlagen der bürgerlichen Marktforschung" befaßt; die „bürgerlichen Ökonomen" der Nürnberger Hochschule werden darin als Verfasser der für die „bürgerliche" Ökonomie wichtigsten Werke über die „bürgerliche" Marktforschung genannt[55].

Abschließend muß zu dieser Übersicht erneut festgestellt werden, daß sich bei keinem der erwähnten Autoren eine kritische Gesamtwür-

---

[47] Vgl. Linhardt, Hanns: a. a. O.
[48] Vgl. Egner, Erich: Der Haushalt, Berlin 1952, ders.: Eigenart und Aufgabe..., a. a. O.
[49] Vgl. Lorenz, Charlotte: a. a. O.
[50] Vgl. Angehrn, Otto: Unternehmer und betriebliche Marktforschung, Zürich und St. Gallen 1954.
[51] Vgl. Rinsche, Günter: a. a. O.
[52] Vgl. Lisowsky, Arthur: Die betriebswirtschaftliche und volkswirtschaftliche Bedeutung der Marktforschung, in: Grundprobleme der Betriebswirtschaftslehre, ausgewählte Schriften von Dr. Arthur Lisowsky †. Zürich und St. Gallen 1954; auch zwischen L. und der Nürnberger Schule bestanden freundschaftliche und fachliche Beziehungen.
[53] Vgl. v. Reichenau, Charlotte: a. a. O.
[54] Vgl. Hundhausen, Carl und Vershofen, Wilhelm: Verbrauchsforschung — ein Meinungsaustausch, in: Markt und Verbrauch, Berlin 12. Jg. 1940, S. 258 ff.
[55] Vgl. Heinrichs, Wolfgang: Die Grundlagen der Bedarfsforschung. Ihre Bedeutung für die Planung des Warenumsatzes und der Warenbereitstellung im staatlichen und genossenschaftlichen Handel der Deutschen Demokratischen Republik, Verlag Die Wirtschaft, Berlin 1955.

digung der Arbeiten Vershofens auf dem Gebiet der Verbrauchsforschung findet; stets sind es nur Einzelprobleme, über die diskutiert wird — eine grundsätzliche Auseinandersetzung unterblieb in jedem Fall.

VII. Spezielle Kritik der Nutzenlehre

1. „Eigenschaften" und „Nutzen"

Gerade sein Versuch einer Analyse des Nutzens zeigt sehr deutlich, wie sehr Vershofen bestrebt war, den Menschen im Rahmen der wirtschaftswissenschaftlichen Theorie in den Vordergrund zu stellen. Er knüpfte dabei bewußt oder unbewußt an die subjektive Wertlehre von Richard *Cantillon* und Etienne Bonnot *de Condillac* an. Insbesondere bei letzterem finden sich Einsichten von überraschender Tiefe über die Beziehungen zwischen einem Marktobjekt und den Bedürfnissen des Menschen; in diesen Beziehungen sah Condillac die Bestimmungsgründe für den jeweiligen Nutzen des Gutes: „Der Wert (hier als Nutzen verstanden) liegt weniger in der Sache selbst als in der Schätzung, die wir ihr entgegenbringen, und diese Schätzung hängt von unseren Bedürfnissen ab; er steigt und fällt wie unser Bedürfnis größer oder geringer wird"[56].

Weil an dieser Stelle wenigstens kurz das Wesen des Nutzens behandelt werden muß, soll für einen Augenblick wieder der ökonomische Bereich verlassen und an die im Grunde selbstverständliche Tatsache erinnert werden, daß alle Gegenstände[57] zunächst einmal nur bestimmte *Eigenschaften* besitzen.

Erst das Wissen um die Anwendbarkeit bzw. die Brauchbarkeit dieser Eigenschaften zur Erreichung bestimmter *Zwecke* schafft zwischen dem Träger dieser Eigenschaften, also dem Objekt, und einem Subjekt eine Beziehung höchst individueller Natur. Die Verbindung von Eigen-

---

[56] Condillac, Etienne Bonnot de: Le commerce et le gouvernement, considérés relativement l'un à l'autre, Amsterdam und Paris 1776, S. 15; zitiert nach Gide/Rist: Geschichte der volkswirtschaftlichen Lehrmeinungen, a. a. O., S. 54. Gide/Rist weisen auf die unverdiente Vergessenheit hin, in die dieses „wundervolle Buch, das im Keim schon die modernsten Ideen enthält", geraten sei. Vgl. auch Hubert, René: Condillac, Etienne Bonnot de, in: Encyclopaedia of the Social Sciences, (ed. E. R. A. Seligman) New York 1931, Vol. IV, S. 175, und: Weber, Wilhelm: de Condillac, Etienne Bonnot, in: Handwörterbuch der Sozialwissenschaften, 2. Band, Stuttgart-Tübingen-Göttingen 1959, S. 533 f.

[57] In entsprechender Abwandlung gilt das hier Gesagte auch für immaterielle Güter.

schaften eines Gegenstandes und Zweckvorstellungen eines Individuums lassen aus den ersteren „Nützlichkeiten" werden, die nun ihrerseits den Vorgang der Abgleichung von Nutzenvorstellung und Zwecksetzungen beim Individuum entscheidend beeinflussen.

So kann aus einem Stein, der zunächst nichts anderes als ein Bestandteil der Erdoberfläche mit bestimmten mineralogischen Eigenschaften ist und der aus sich selbst heraus keinerlei Nutzen zu stiften vermag, ein hochgeschätztes Werkzeug werden, sobald die ihm innewohnende Geeignetheit, bei richtiger Handhabung zum Feuermachen dienen zu können, erkannt *und* begehrt wird.

Dieser Tatbestand führt zu der Feststellung, daß zwar jeder Gegenstand von sich aus Eigenschaften, nicht aber Nutzen in sich trägt. Der Nutzen ist somit keine absolute Größe, sondern stets Ausdruck derjenigen Beziehungen, die zwischen einem Objekt und einem Subjekt bestehen. Damit aber ist der Nutzenbegriff einstweilen restlos relativiert, in den Bereich des Subjektiven verwiesen und — insbesondere für praktische Belange — ohne jeden Aussagewert.

Diese Charakterisierung des Nutzens ist nun auch noch keineswegs auf ökonomische Verhältnisse bezogen, sondern gilt ganz allgemein. Wirtschaftlich relevant wird sie erst dann, wenn die Nutzen-Träger zu „wirtschaftlichen Gütern"[58] werden. Andererseits ist festgestellt worden, daß solche Güter gerade wegen ihrer Fähigkeit, einen irgendwie gearteten Nutzen zu stiften, dem Markte entnommen werden[59, 60].

2. „Sozialisierung der Zwecke"

Der Nutzenbegriff gewinnt aber nach dem oben Gesagten wieder an Aussagewert und Brauchbarkeit, wenn man sich folgendes vergegenwärtigt:

---

[58] Wie sie z. B. von Amonn durch die vier Kriterien: Nützlichkeit, Knappheit, Äußerlichkeit und Verfügbarkeit charakterisiert werden. Vgl. Amonn, Alfred: Volkswirtschaftliche Grundbegriffe und Grundprobleme, 2. Aufl., Bern 1944, S. 24.

[59] Vgl. S. 34 f. der vorliegenden Arbeit.

[60] Dieser Sachverhalt wird auch vom Psychologen sehr genau erkannt, wie aus der folgenden Feststellung hervorgeht: „Eine Ware erfüllt nicht dadurch, eine Marktfunktion, daß sie einfach da ist, sondern erst dadurch, daß sie bestimmten Konsumentengruppen Bestimmtes bedeutet, da sie ihnen bestimmte Werte vermittelt. Auf seelische Beziehung zwischen Konsumenten und Ware kommt es also an. Um aber festzustellen, was ein Erzeugnis einem Konsumentenkreis vermitteln kann, muß man wissen, was es für ihn darstellt, wie und aus welcher Perspektive er es sieht. Dies ist das Image einer Ware." Kleining, G.: Zum gegenwärtigen Stand der Imageforschung, in: Psychologie und Praxis, München 1959, 3. Jg., S. 200.

2. „Sozialisierung der Zwecke"

Auch im Hinblick auf diejenigen Zwecksetzungen, die mittels wirtschaftlicher Güter verwirklicht werden können, läßt sich nämlich von einem „Prozeß der sozialen Angleichung" sprechen[61].

Vershofen hat darauf hingewiesen, daß es Allgemeinvorstellungen gebe, die dadurch charakterisiert seien, „daß jeder einzelne auf dem Gebiet, das sie betreffen, seine private Vorstellung hat, daß sich aber diese individuellen Vorstellungen alle, bis zu einem gewissen Grade wenigstens, überschneiden. Man könnte sich diesen Tatbestand unter dem Bild einer großen Anzahl von mittelpunktsungleichen Kreisen vorstellen, von denen jeder in den anderen hineinschneidet, nicht aber sich völlig mit ihm deckt. Dann gäbe das Gebiet der dichtesten Überschneidung ... die Allgemeinvorstellung wieder, die in Betracht käme...[62]"

Die „Sozialisierung der Zwecke" bewirkt damit eine Gleichrichtung von subjektiven, individuellen Nutzenvorstellungen, so wie sich etwa Eisenfeilspäne in einem Magnetfeld ordnen; doch ist es stets nur der Kern der einzelnen Vorstellung, der der Gleichrichtung unterliegt; um ihn herum bleibt das individuell-subjektive Element nach wie vor, wenn auch in unterschiedlicher Intensität, wirksam.

Diese soziale Angleichung kann nun einmal vorliegen als Ergebnis eines Prozesses, d. h. ohne eine erkennbare Steuerung durch irgendwelche äußeren Einflüsse; dabei mögen die Ursachen in dem einen Fall bekannt, in dem anderen nicht oder nicht mehr bekannt sein. Daneben lassen sich aber auch Versuche feststellen, die soziale Angleichung aus irgendwie gearteten Interessen heraus zu beeinflussen, meist mit dem Ziel, sie zu forcieren. Im Bezug auf wirtschaftliche Güter sind es regelmäßig ökonomische Interessen, die hinter solchen Versuchen stehen und deren bekanntestes Werkzeug die Wirtschaftswerbung darstellt. Hier wird von einem einzelnen oder von einer Mehrzahl von Anbietern versucht, möglichst viele Individualvorstellungen zu einer einheitlichen Allgemeinvorstellung über ein bestimmtes Gut zu machen, um auf diese Weise zu maximalem Absatz zu kommen.

Ganz allgemein kann festgestellt werden, daß die Gleichrichtung der Zweckvorstellungen erst die industrielle Massenproduktion ermöglichte. Andererseits beruht auf der Tatsache, daß die soziale Angleichung existiert, die Möglichkeit und die Notwendigkeit, Verbrauchsforschung zu betreiben[63].

---

[61] Vgl. Klatt, Sigurd: Die Qualität als Objekt der Wirtschaftswissenschaft, in: Jahrbuch der Sozialwissenschaften, Band 12, Göttingen 1961, S. 19 ff.
[62] Vershofen, Wilhelm: Zum Problem der Qualität, in: Markt und Verbrauch, 15. Jg., Berlin 1943, S. 7.
[63] Vgl. S. 26 der vorliegenden Arbeit.

Zwei Beispiele mögen das bisher Gesagte noch besser veranschaulichen: Derjenige Teil des Nutzens eines Aschenbechers, der sich auf dessen Geeignetheit zur Aufnahme von Tabakresten bzw. -rückständen bezieht, ist in der Gegenwart und in unserer Zivilisation weitestverbreitete Allgemeinvorstellung; dem Angehörigen eines anderen Zivilisationskreises, dem das Rauchen unbekannt ist, würde sich hingegen diese spezielle Nutzenkomponente nicht erschließen.

Und ferner: *Eine* Teilleistung der Eisenbahn, nämlich die Beförderung des Fahrgastes in einer bestimmten Art und Weise erwartet *jeder* Benutzer der Bahn von vornherein; diese stellt damit den allgemeinen Nutzen dar, während Sicherheit, Bequemlichkeit, Schnelligkeit usw. je nach individueller Erwartungshaltung eine höchst subjektive Bewertung erfahren, demnach subjektive Nutzen darstellen.

3. „Grundnutzen" — „Genereller Nutzen"

Im folgenden soll nun Vershofens Nutzenaufgliederung etwas eingehender betrachtet werden, nachdem nochmals an ihren Zweck erinnert worden ist: Mit ihr soll die Bedeutung eines Marktobjektes für den einzelnen Verbraucher besser erfaßt werden, weil man auf diesem Wege hofft, seine entsprechende Verhaltensweise besser verstehen zu können.

Bei der Verwendung der beiden Termini „Grund"- und „Zusatz"-Nutzen wird ganz allgemein im Sprachgebrauch eine gewisse Bewertung vorgenommen bzw. eine Rangordnung impliziert, d. h. dem „Grund" wird gegenüber dem „Zusatz" das größere Gewicht beigemessen. Dieser Effekt kann aber, wie noch zu zeigen sein wird, von Vershofen nicht beabsichtigt worden sein, so daß die Gegenüberstellung der beiden Begriffe zur Aufhellung des hier behandelten Sachverhalts keineswegs zweckdienlich ist.

Vershofen hielt es selbst für nötig, Grund- und Zusatznutzen noch genauer zu charakterisieren, indem er als zweites Begriffspaar „stofflich-technisch" und „geistig-seelisch" gegenüberstellte.

Die Verwendung dieser Charakteristika ist zunächst sehr eindeutig und unmißverständlich; die Komplizierung und die Unklarheiten beginnen erst mit der *Kombination* der beiden Begriffspaare dergestalt, daß der „Grundnutzen" als stofflich-technisch, der „Zusatznutzen" hingegen als geistig-seelisch bestimmt gekennzeichnet werden; bei näherem Zusehen erweist sich diese Verknüpfung als unzulässig — zwei Beispiele mögen es verdeutlichen:

3. „Grundnutzen" — „Genereller Nutzen"

Ohne Schwierigkeiten läßt sich die Zuordnung der Nutzenkomponenten noch vornehmen bei Marktobjekten wie z. B. einem Mülleimer: Der Grundnutzen ergibt sich aus der Geeignetheit zur Aufnahme von Abfällen, diese wiederum beruht auf der stofflich-technischen Beschaffenheit; und Zusatznutzen kann sich z. B. aufgrund einer gefälligen Form ergeben. Einen generellen Nutzen, „Grundnutzen" muß aber *auch* eine Theateraufführung nach dem oben Gesagten stiften können — nur die „soziale Angleichung" läßt ja diese Einrichtung überhaupt zu! — doch von stofflich-technischem Nutzen kann dabei keinesfalls gesprochen werden.

Es erscheint darum eindeutiger und auch Vershofens eigenen Vorstellungen besser zu entsprechen, den Begriff „Grundnutzen" in diesem Zusammenhang nicht zu verwenden; denn gemeint ist zweifellos mit dieser Nutzenart die dem einzelnen Marktobjekt eo ipso innewohnende Zweckdienlichkeit, d. h. die Nützlichkeit, die sich aus der obenerwähnten Überschneidung der Vorstellungskreise ergibt und die vorhanden ist, noch ehe ein Marktsubjekt weitere individuelle Erwartungen und Vorstellungen damit verbindet.

Mit der Ablehnung des Begriffes „Grundnutzen" ergibt sich automatisch die Notwendigkeit, eine besser geeignete Bezeichnung zu finden, doch bereitet dies einige Schwierigkeiten; einstweilen kann nur vorgeschlagen werden, statt von Grundnutzen von „allgemeinem", „generellem" oder „objektivem" Nutzen zu sprechen.

Weil diese Nutzenart eines Gutes *häufig* durch die stofflich-technische Beschaffenheit bestimmt bzw. bewirkt wird, liegt es an sich nahe, diese als Wesensmerkmal des „generellen" Nutzens schlechthin zu konstatieren, aber die nicht seltenen Ausnahmen von dieser Regel bei den materiellen Gütern und ihre Ungültigkeit für alle immateriellen Güter lassen diese Verallgemeinerung keinesfalls zu.

Unter diesem Aspekt bedarf Vershofens Beispiel von einem Marktobjekt ohne jeden stofflich-technischen Grundnutzen einer gewissen Korrektur, nachdem er dabei bevorzugt die Krawatte nennt; hier wird besonders deutlich, wie unzulässig die Kombination von „Grundnutzen" mit „stofflich-technischer" Beschaffenheit ist. Gewiß wird gelegentlich eine Krawatte ohne Berücksichtigung ihrer „stofflichen" Eigenschaften gekauft; aber die Folgerung, daß sie deshalb überhaupt keinen „Grundnutzen" bzw. keinen generellen Nutzen zu stiften vermag, kann nicht akzeptiert werden. Wenn man die Krawatte als bloßes schmückendes Attribut der männlichen Mode ansieht, dann weist sie in der Tat keine generelle Zweckdienlichkeit, keinen „objektiven Gebrauchswert" auf. Geht man jedoch davon aus, daß sie, obgleich schmückendes Attribut, doch — wenn auch ohne Rücksicht auf ihre spezielle Ausführung —

zur conditio sine qua non des korrekt gekleideten Herrn gehört, dann ist die Komponente „objektiver" („genereller") Nutzen deutlich erkennbar; dies ist aber auch z. B. bei der telefonischen Zeitansage der Fall, die zunächst jedermann die gleiche immaterielle Leistung bietet.

Es sei also nochmals zusammenfassend wiederholt, daß die hier behandelte Nutzenkomponente nicht charakterisiert wird durch irgendwelche Beschaffenheitsmerkmale — wie dies bei Vershofen selbst so leicht verstanden werden kann —, sondern dadurch, daß sie für mehr als nur ein Individuum, in der Regel für viele oder sogar alle Angehörige eines Zivilisationskreises, gleichzeitig und eo ipso relevant ist.

4. „Zusatznutzen" — „Spezieller Nutzen"

Wendet man sich nun dem „Zusatznutzen" zu, so läßt sich die Wahl dieser Bezeichnung aus der Pionierarbeit Vershofens auf diesem Gebiet heraus leicht erklären; er hatte zunächst darauf aufmerksam zu machen, daß für die Marktentnahme eines Objektes nicht allein der objektive Gebrauchsnutzen (der „generelle" Nutzen) von Bedeutung ist, sondern daß darüber hinaus eben noch andere „zusätzliche" Nutzen eine Rolle spielen können; diese letzteren haben gegenüber dem „generellen Nutzen" sogar vielfach ein wesentlich größeres Gewicht und können im Einzelfall ganz ohne ihn vorhanden sein. Durch die Erklärung seines Zustandekommens wird der Begriff aber nicht präziser, so daß auch für ihn eine bessere Bezeichnung gefunden werden muß[64]. Entsprechend dem „generellen Nutzen" würde hier am ehesten die Bezeichnung „spezieller Nutzen" in Frage kommen. Weil die seelisch-geistige Sphäre des Menschen, die in erster Linie für die hier behandelte Nutzenkomponente zuständig ist, gerade seine subjektive, individuelle Eigenart darstellt, könnte man aber auch daran denken, von „subjektivem" oder „individuellem" Nutzen zu sprechen — soll doch damit diejenige Nutzenart charakterisiert werden, die sich aus der spezifischen Erlebniserwartung bzw. Erlebnismöglichkeit des einzelnen Marktsubjektes ergibt. Dieser individuelle bzw. subjektive Nutzen braucht aber auch nicht — wie oben gezeigt wurde — nun ausschließlich „seelisch-geistig", d. h. in diesem Fall immateriell bestimmt zu sein (z. B. durch eine ästhe-

---

[64] Grundsätzlich ist festzustellen, daß sich die von Vershofen geprägten Bezeichnungen für die verschiedenen Nutzenarten z. T. als recht eingängig erwiesen haben und daß sie rasch zu Schlagworten wurden; dieser Umstand verhinderte aber offenbar die Prüfung der Frage, ob die einmal gewählten Termini den ihnen unterlegten Sachverhalt in jedem Falle optimal zum Ausdruck bringen. Entschließt man sich zur Änderung eines Begriffes, so ergibt sich sofort die Notwendigkeit, zur Vermeidung von Mißverständnissen auch andere Bezeichnungen auszutauschen; so wird weiter unten noch in anderem Zusammenhang von „spezieller Nutzenart" gesprochen werden.

tische Form), sondern er kann durchaus auch materiell, „stofflich-technisch" begründet sein (z. B. durch die Freude an gediegenem Material). Es ist darauf hinzuweisen, daß es sich — bei gleichem Vokabular — doch um einen anderen Aspekt handelt als denjenigen, aufgrund dessen letztlich jede Nutzenerwartung dem psychischen, also seelischen Bereich des Menschen zuzuordnen ist.

Die bisherigen Ausführungen zur Nutzengliederung sollen nun schematisch zusammengefaßt werden:

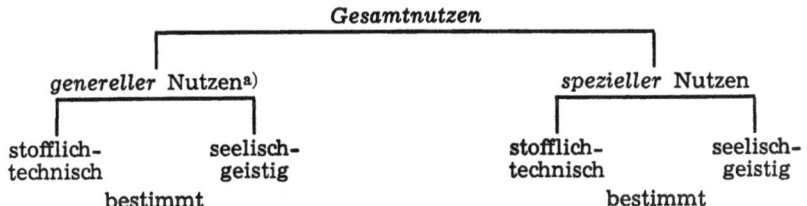

a) Entspricht im wesentlichen dem „objektiven Gebrauchswert" der klassischen Nationalökonomie; vgl. hierzu Amonn, Alfred: Grundbegriffe, a. a. O., S. 133.

An Stelle von „stofflich-technisch" bzw. „seelisch-geistig" könnte auch das Begriffspaar „materiell" — „immateriell" Verwendung finden, ohne daß dadurch die Aussage erkennbar verändert würde.

Die weitere Unterteilung des Nutzens in der von Vershofen vorgeschlagenen Form erweist sich wegen der Gefahr einer dadurch implizierten Gewichtung zumindest als problematisch und soll hier unterbleiben. Es muß jedoch festgestellt werden, daß *auch* die Komponente des „generellen" Nutzens im Einzelfall in der Form des Geltungsnutzens oder jeder anderen Unterart auftreten kann; daran ändert die Tatsache nichts, daß diese Untergliederung ursprünglich nur für den „Zusatznutzen" vorgenommen worden war.

Für Vershofen war es erwiesen, daß das alleinige Auftreten einer Nutzenart nicht denkbar ist; er hat vielmehr stets mit großem Nachdruck auf die Komplexität der Nutzenvorstellungen hingewiesen. Im Anschluß daran kann deshalb gesagt werden, daß eine Komponente generellen Nutzens in Verbindung mit einer solchen speziellen Nutzens, und sei diese noch so schwach, stets den *Gesamt*nutzen zu einem speziellen werden läßt.

5. „Hauptnutzen"

Aus naheliegenden Gründen bemühte sich Vershofen um eine gewisse Rangordnung der Nutzenkomponenten, die er allerdings nur für seinen „Zusatznutzen" benötigte, nachdem er den „Grundnutzen" nicht weiter

VII. Spezielle Kritik der Nutzenlehre

aufgegliedert hat. Wenn er früher in diesem Zusammenhang nur vom „ausschlaggebenden" Nutzen sprach[65], so führte er später, möglicherweise durch *Zeilmaker*[66] hierzu veranlaßt, den Begriff „Hauptnutzen" ein[67], indem er vom „ausschlaggebenden Hauptnutzen" spricht.

Zur Beantwortung der Frage nach dem Hauptnutzen sei nochmals Vershofens Feststellung — später als „Nürnberger Regel" bezeichnet — zitiert: „Je spezieller eine Nutzenart im Sinne des Schemas der Leiter ist, desto stärker beeinflußt sie die Entscheidung. Weil sie die Entscheidung bringt, ist sie als der ausschlaggebende Hauptnutzen zu bezeichnen." Als Erläuterung fügt er hinzu: „Wenn also ein Objekt die Nutzenart ‚Magie' (phantastischer Nutzen) überhaupt zu gewähren vermag, so wird gerade sie und nicht eine irgendwie geartete andere, die sie[68] außerdem noch gewährt, für die Marktentnahme entscheidend sein (Maskottchen werden gekauft, weil sie als solche geglaubt werden und nicht aus einem anderen Grund)[69]."

Dem Wortlaut dieser Regel nach würde die Nutzengliederung als solche auch bereits die gesuchte Rangordnung darstellen — doch erheben sich dagegen beträchtliche Bedenken, denen hier nachgegangen werden muß.

Vershofen nennt in seinem oben wiedergegebenen Beispiel den Nutzen aus Magie den ausschlaggebenden; wie nun aber, wenn mehrere Maskottchen von unterschiedlichem Aussehen zur Wahl stehen? Wird dann nicht das „schönste" gekauft, und ist damit nicht doch ein im Sinne des Schemas viel allgemeinerer Nutzen letztlich entscheidend? Ferner ist ganz offenkundig, daß Auto-Maskottchen usw. doch auch deswegen gekauft werden, weil man haben will, was man beim anderen gesehen hat.

Wie verhält es sich ferner bei einer Anzahl echter Teppiche, die alle sowohl generellen Nutzen als auch ein gleiches „Quantum" Nutzen aus Harmonie aufweisen, von denen aber einer aus dem Palast eines

---

[65] Vgl. Vershofen, Wilhelm: Handbuch..., a. a. O., S. 78 f.
[66] Vgl. Zeilmaker, Walter E. O.: Elemente einer systematischen Absatzpolitik auf rationaler Grundlage. Eine Theorie der Kauffaktoren beim Konsumenten. Diss. HH Leipzig, Borna-Leipzig 1941. — Für Z. ergibt sich aus der Aufgliederung der Nutzenarten vor allem die Frage nach dem „vorherrschenden" Nutzen; unter Ablehnung der Termini Vershofens schlägt er die Verwendung der Begriffe „Hauptnutzen" und „Nebennutzen" vor: „Der Hauptnutzen kann ebenso wie der Nebennutzen den verschiedenen Bedürfnisarten — physischen Bedürfnissen, ästhetischen, hygienischen, sozialen oder sonstigen Kulturbedürfnissen — gerecht werden." (S. 20) Als Beispiel führt er die Kerzenbeleuchtung an, deren Hauptnutzen früher im Lichtspenden gelegen habe, die heute dagegen ein ästhetisches Bedürfnis befriedige.
[67] Vgl. Vershofen, Wilhelm: Marktentnahme..., a. a. O., S. 91.
[68] Richtig muß hier „es" stehen, weil auf das Objekt Bezug genommen wird.
[69] Vershofen, Wilhelm: Marktentnahme..., a. a. O., S. 91.

Königs stammen soll? Kann dann nicht gerade dieser zusätzliche, aber gegenüber der „Harmonie" (innerhalb des Schemas) keineswegs speziellere Nutzen aus sozialer Geltung den Ausschlag geben?

Bei näherer Prüfung drängt sich die Einsicht auf, daß die „Nürnberger Regel" nur beim Vorliegen extremer Verhältnisse Gültigkeit besitzt: Nur dann nämlich gibt ein vorhandener speziellerer Nutzen schließlich den Ausschlag, wenn bei den zur Auswahl stehenden Marktobjekten *alle* anderen Nutzenkomponenten in *gleichem* Umfange gegeben sind.

— Aber selbst dann braucht es keineswegs ein speziellerer Nutzen zu sein, sondern es kann auch ein bei den anderen Objekten nicht vorhandener (im Sinne des Schemas) allgemeinerer Nutzen sein, der schließlich entscheidend ist.

Hieraus folgt, daß für die Marktentnahme nicht der Grad der Spezialisierung der Nutzenkomponente entscheidet, sondern das *Mehr* an Nutzen schlechthin, d. h. das größere Gesamtgewicht aller Nutzen des Objektes gegenüber anderen; diese Einsicht ist allerdings — wie gezeigt — schon relativ alt.

Es stellt sich also heraus, daß aus der besonderen Anordnung der Nutzenarten die von Vershofen gezogenen Schlüsse *nicht* abgeleitet werden können. Schon bei einer Aufgliederung des von ihm so genannten „Grundnutzens" wäre dies nicht mehr möglich gewesen. Vielleicht hat Vershofen aber selbst bereits Zweifel an der Gültigkeit seiner Regel gehegt? Anhaltspunkt hierfür könnte immerhin die Tatsache sein, daß er die Aufgliederung des Geltungsnutzens[70] nicht mehr in das Schema der Leiter eingebaut, sondern getrennt davon dargestellt hat. Hätte er dies nicht getan, dann hätte er selbst die formale Aussagefähigkeit seines Schemas sehr abgeschwächt.

Der von Vershofen als für die Marktentnahme „ausschlaggebend" angesehene Nutzen kann nach dem hier Dargelegten, besonders auch deshalb, weil sein Gewicht im Einzelfall geradezu infinitesimal gering sein kann, *nicht* als „Hauptnutzen" bezeichnet werden; dieser Begriff sollte vielmehr dem vorherrschenden, also dem gewichtigsten Nutzen vorbehalten bleiben[71].

6. Vorwegnahme von Ansatzpunkten der modernen wirtschaftswissenschaftlichen Forschung

Bei seinem Versuch, den Nutzen*komplex* zu analysieren und dabei zu einer brauchbaren Charakterisierung und Gliederung der einzelnen

---

[70] Vgl. S. 44 der vorliegenden Arbeit und Vershofen, Wilhelm: Marktentnahme..., a. a. O., S. 114.

[71] Womit das Problem der Messung dieses Gewichtes wieder in den Vordergrund tritt. — Vgl. Zeilmaker, Walter E. O.: a. a. O., S. 20.

Komponenten zu gelangen, verschloß sich Vershofen keineswegs der allgemeinen Ansicht[72], daß wegen des Mangels an geeigneten Maßstäben sowohl ein interpersoneller als auch ein intertemporärer Nutzenvergleich nur in den seltensten Fällen realisiert werden könne: „... alles (zeigt) in Richtung der Erkenntnis, daß der Mensch zwar mit jeder wirtschaftlichen Mühe einen möglichst großen Nutzen erstrebt, daß aber die Intensität dieses Nutzens bei Tausch und Marktentnahme nicht meßbar ist"[73]. Die Alternative zum Messen war für Vershofen jedoch das aus der Qualität des Geschehens mögliche Verstehen, und hierin sah er die tiefere Aufgabe seiner Forschung[74].

„Die Ergebnisse dieser neuen Forschungsart zeigten — sofern man sie summarisch festhalten kann, daß keine Handlung innerhalb des Gebietes der Wirtschaft vonstatten geht, ohne daß eine genügend starke Nutzenswertung den Handelnden antreibt. Dabei erwiesen sich diese Nutzenerwartungen aber als so komplex, daß sie die Aufstellung eines besonderen Systems nötig machten. Erst dieses System gab dem Phänomen des Nutzens jene Transparenz, die nötig war, um im einzelnen feststellen zu können, welches Motiv oder welches Bündel von Motiven den Marktentnehmer bei seiner Auswahl und seiner Haltung überhaupt beeinflußt hat[75]."

Vershofen hat dabei erkannt, daß die Verschiedenheit des individuellen Nutzens in stärkerem Maße auf der Verschiedenheit der die Menschen formenden sozialen Beziehungen als auf der offenkundigen individuellen Veranlagung der Menschen beruht. Damit wären gewisse Nutzenvergleiche in relativ homogenen sozialen Gruppen immerhin denkbar; in diesem Sinne ideale Verhältnisse fänden sich dort, wo die soziale Gruppe den Charakter einer Wertungsgemeinschaft trägt.

Im Zusammenhang mit dem Problem der Nutzen*messung* muß allerdings daran erinnert werden, daß sich im Tauschverhältnis ein — wenn auch nur summarischer — Maßstab anbietet; sind doch die Preise Objektivierungen unterschiedlicher Nutzenerwartungen[76] — nur über sie erfolgt auch in der modernen Wirtschaft der Ausgleich. Freilich sagen die Preise nichts aus über die Zusammensetzung, das Quale des Gesamtnutzens.

Vershofen selbst hat immer wieder auf die Schwierigkeiten bei der Nutzenanalyse hingewiesen, wie sie sich aus der Subjektivität des Nutzens, der Interdependenz der Objekte, bei der Vergleichbarkeit des Nutzens und aus der Eigenart des Nutzens als einer Erwartungsgröße er-

---

[72] Vgl. hierzu: Weber, Wilhelm und Streißler, Erich: Nutzen, in: Handwörterbuch der Sozialwissenschaften, a. a. O., S. 9.
[73] Vershofen, Wilhelm: Marktentnahme, a. a. O., S. 121.
[74] Ebenda.
[75] Vershofen, Wilhelm: Motive für die Motivforschung, in: Jahrbuch der Absatz- und Verbrauchsforschung, a. a. O., 4. Jg., (1958) S. 236.
[76] Vgl. derselbe: Preis und Nutzen, in: Jahrbuch.., a. a. O., 5. Jg., (1959) S. 1.

6. Vorwegnahme moderner wirtschaftswissenschaftlicher Forschung 71

geben. Insofern rennt *Berth*[77] offene Türen ein, aber es kann ihm andererseits auch nicht gefolgt werden, wenn er aus diesen Schwierigkeiten auf die Unfruchtbarkeit derartiger Analysen schlechthin schließt. Er stellt der Objektanalyse dann die Subjektanalyse gegenüber, indem er zu erforschen trachtet, wie der einzelne Mensch „das Image der verschiedenen Güter mit seinem Selbstimage in Einklang zu bringen sucht", denn „dasjenige Gut, das am besten diesen Anforderungen genügt, wird er nachfragen"[78].

Damit aber kommt er zuletzt doch zu keiner grundsätzlich anderen Erkenntnis als der, daß das schließlich gewählte Gut offenbar den Nutzenvorstellungen des Marktsubjektes am besten entspricht, daß sein Nutzenpotential den Erwartungen optimal gerecht wird. Um eben diese Beziehung zwischen Marktobjekt und Marktsubjekt ging es ja — wie dargelegt — auch der ursprünglichen, der „konventionellen" deutschen Verbrauchsforschung. Man ging dort zwar von Objektstudien aus, hat aber als eigentliches Forschungsziel den „Menschen im Markt" von Anfang an gemeint: „Infolgedessen konnte man den Markt auch nicht als einen Mechanismus des Güteraustauschs begreifen, auch nicht als ein bloßes soziologisches Beziehungsbündel, sondern nur als ein Gebilde, in welchem der Mensch in der Ganzheit seines Wesens, wie es sich auf diesem fundamentalen Gebiet seines Tuns zeigt, erfaßt werden muß[79]."

Über diese Stellungnahme zu der Frage „Objektanalyse oder Subjektanalyse?", die ja die Nürnberger Arbeit im Grundsätzlichen berührt, konnte sich Vershofen noch selbst äußern; er hat Berths eindeutige Entscheidung für die Subjektanalyse nicht akzeptiert, sie aber doch zu erklären versucht, indem er auf den unterschiedlichen Ausgangspunkt hinwies[80]. Seine (Vershofens) Verbrauchsforschung war aus den Wirtschaftswissenschaften hervorgegangen, hatte sich u. a. der Soziologie und der Psychologie bedient und hatte soziologische und psychologische Ergebnisse gezeitigt. Demgegenüber war für Berth und die von ihm vertretene neue Richtung die Psychologie der Ausgangspunkt. Deshalb wird hier auch der psychologische Begriff „Bedürfnis" verwendet, und zwar im Gegensatz zu der von Vershofen gebrauchten *ökonomischen* Kategorie „Nutzen". Für Vershofen ergibt sich nach wie vor das Gesamtbild einer Ware für jeden, der über sie befragt wird, aus dem Nutzenintegral viel eindeutiger und sicherer als aus der Analyse der Person. „Jedes persönliche Urteil ist notwendigerweise subjektiv, Nutzen-

---

[77] Vgl. Berth, Rolf: Marktforschung zwischen Zahl und Psyche, a. a. O., S. 19 ff.
[78] Ebenda, S. 23.
[79] Vershofen, Wilhelm: Warum? Die alte Frage. In: Jahrbuch der Absatz- und Verbrauchsforschung, a. a. O., 6. Jg., (1960) S. 85.
[80] Vgl. derselbe: Warum? Die alte Frage. a. a. O.

erwartungen natürlich auch, aber diese lassen sich, abgesehen von der einzelnen Person, systematisieren und damit zu einem Richtmaß gestalten. Sie sind gewissermaßen der ‚Intensometer', an dem sich die Reaktion der Person prüfen läßt"[81].

Diese Ausführung sind fast die einzigen, die Vershofen expressis verbis je über seine Veranlassung, als Forschungsgegenstand die Nutzenvorstellungen des Verbrauchers und nicht dessen Bedürfnisse bzw. seine „Antriebe" zu wählen, gemacht hat. Weil sich in der neueren Literatur zunehmend Autoren finden, die den gleichen Weg einschlagen und damit mittelbar Vershofens Vorgehen rechtfertigen, soll auf einen von ihnen, der als repräsentativ angesehen werden kann, hier etwas näher eingegangen werden, nämlich auf Lawrence *Abbott*[82].

Der gemeinsame Ausgangspunkt ist die Feststellung, daß das Agens der Marktentnahme letztlich nicht das Objekt selbst, sondern der Wunsch nach einem Erlebnis ist. Dieses Erlebnis stellt — um einen Ausdruck Abbotts zu gebrauchen — das „Grundbedürfnis" dar. Die Kenntnis des Subjekts über die Möglichkeiten, sich dieses Erleben mit Hilfe wirtschaftlicher Güter verschaffen zu können, führt zu dem „abgeleiteten Bedürfnis", eben nach jenem Gut, das tatsächlich oder vermeintlich dieses Erleben ermöglicht.

Die Ordnung der Erlebniswünsche selbst erfolgt im Individuum aufgrund von Wertvorstellungen nach ihrer relativen Vordringlichkeit. „Ein ‚Bedürfnis' für ein bestimmtes Erlebnis ist in Wahrheit nicht ein isoliertes Bedürfnis, sondern ein ganzer Komplex von miteinander in Beziehung stehenden, gegenseitig austauschbaren Bedürfnissen; in der Regel ein Grundbedürfnis und zahlreiche ergänzende Nebenbedürfnisse[83]."

Im Fortgang seiner Überlegungen kommt Abbott dann zu der Annahme, „daß die Zahl der Teilbedürfnisse innerhalb einer Bedürfniskonstellation um so kleiner ist, je unbestimmter und abstrakter das Grundbedürfnis ist; um so schwächer sind dann offenbar auch die Nebenbedürfnisse und um so größer ist der Kreis der verschiedenen Güter, die als alternative Mittel zur Erzielung des gewünschten Erlebens in Betracht kommen. Es ist notwendig, sich diesen Zusammenhang klar vor Augen zu halten und zu beachten, daß ein Gut von gegebenen

---

[81] Vershofen, Wilhelm: Warum? Die alte Frage. a. a. O.
[82] Die nachstehenden Ausführungen stützen sich, soweit nichs anderes angemerkt ist, auf: Abbott, Lawrence: Qualität und Wettbewerb. Ein Beitrag zur Wirtschaftstheorie. München und Berlin 1958, insbesondere S. 43—93. An Stelle Abbotts könnte hier auch Bezug genommen werden z. B. auf Duesenberry, J. S.: Income, Saving and the Theory of Consumer Behavior, Cambridge, Mass. 1949.
[83] Abbott, Lawrence: a. a. O., S. 47.

6. Vorwegnahme moderner wirtschaftswissenschaftlicher Forschung 73

Eigenschaften ein Mittel zur Befriedigung sehr verschiedener Bedürfniskonstellationen sein kann, obwohl es vielleicht der einen besser dient als der anderen"[84].

Gerade der letzte Satz ist hier besonders interessant, weil er sich völlig deckt mit den Einsichten, die Vershofen in diesem Zusammenhang erarbeitet hat. Die Entsprechung reicht jedoch noch weiter, wenn Abbott darauf hinweist, daß einzelne Güter gewöhnlich neben einem Hauptzweck einer ganzen Anzahl von Nebenzwecken dienen und „daß der Haltung jedes Wirtschaftssubjektes gegenüber jedem dieser Zwecke ein Werturteil zugrunde liegt, das zwar ästhetischer, ethischer oder physiologischer Kritik, niemals aber ökonomischer Kritik unterzogen werden kann..."[85]

Nach der Aufzählung einer Vielfalt von Faktoren, die für die individuelle Verschiedenheit der Bedürfniskonstellation verantwortlich sind, kommt Abbott sodann zu der Feststellung, „daß diese Verschiedenheit der Grundbedürfnisse... ein so bedeutender Zug unserer modernen Wirtschaftswelt (ist), daß man mit der Annahme des Gegenteils einen der Hauptbestimmungsgründe für die Verhaltensweisen und Marktstrukturen, die nun einmal Gegenstand der Wirtschaftstheorie sind, ausschalten würde"[86].

Zur Befriedigung dieser individuellen Grundbedürfnisse — sofern sie mit wirtschaftlichen Mitteln erfolgen soll — muß der Konsument nun in einem „Prozeß der Abstimmung von Bedürfnissen und Gütern" dasjenige Marktobjekt herausfinden, das das gewünschte Erlebnis optimal zu vermitteln verspricht. Zu diesem Zweck geschieht aufgrund allgemeiner Marktkenntnis und -erfahrung ein Abwägen der relativen Vorteile einzelner Güter und die Aufstellung eines Präferenz-Systems. Hieraus entsteht sodann die Vorstellung von einem Gut, das in vollkommener Weise der besonderen Bedürfniskonstellation entspricht; dieses Ideal nennt Abbott die „optimal vorstellbare Variante"; an ihr orientiert sich der Konsument auf der Suche nach der „optimal erreichbaren Variante", die in jedem Fall mehr oder weniger stark vom Ideal abweichen muß, schon deshalb, weil es die „Unwirtschaftlichkeit der Einzelfertigung... unmöglich (macht), eine ausreichende Zahl von Varianten herzustellen, die es ermöglichen würde, den Wünschen jedes

---

[84] Abbott, Lawrence: a. a. O., S. 49.
[85] Ebenda, S. 50.
[86] Ebenda, S. 58. — Diese Feststellung steht dann nicht im Widerspruch zu dem obenerwähnten Prozeß der sozialen Angleichung, wenn Abbott in diesem Zusammenhang statt von „Grundbedürfnissen" (nach seiner Definition) besser von „abgeleiteten Bedürfnissen" sprechen würde; denn relativ gleichförmige Zweckvorstellungen („sozialisierte Vorstellungen") sollen heute doch mit höchst differenzierten wirtschaftlichen Mitteln realisiert werden können.

potentiellen Käufers genau zu entsprechen"[87]. So sieht sich der Konsument vor die Entscheidung zwischen verschiedenen, oft miteinander widerstreitenden Zielsetzungen gestellt.

Abbott erwähnt auch die „optimal eingeschätzte Variante" als diejenige, „die der Konsument auf der Grundlage der Informationen, die bei der Entscheidung zu seiner Verfügung stehen, für die beste erreichbare hält"[88]. Wenn sich der im Markte rational verhaltende Konsument allerdings darüber klar ist, daß seine Marktkenntnis möglicherweise lückenhaft oder falsch ist, dann wird er wenigstens versuchen, seine Kenntnisse über Alternativen durch Beobachtung, Nachforschung und Probieren zu verbessern, und zwar bis zu einem Maße, bei dem der Aufwand hierfür noch gedeckt wird durch den Ertrag aus dem Mehr an Marktkenntnis.

Abbott faßt schließlich seine Einsichten über die Verhaltensweise der Verbraucher in einer Reihe von Thesen zusammen, von denen hier die wichtigsten zitiert werden sollen; sie zeigen, welche Tatbestände moderne Wirtschaftstheoretiker, die sich um wirklichkeitsnahe Systeme und Modelle bemühen, zu berücksichtigen haben. Die Übereinstimmung zwischen Vershofen und Abbott ist dabei insbesondere dann sehr eindrucksvoll, wenn man berücksichtigt, daß Vershofen seine grundlegenden Einsichten ein Vierteljahrhundert vor Abbott gewonnen hat. Im hier behandelten Zusammenhang ist besonders bedeutsam, daß beide als Ansatzpunkt für ihre Theorie die Funktion der Marktobjekte bei der Befriedigung von Erlebniswünschen, also die Anpassung von Mitteln an Zwecke wählten. (In der Terminologie Abbotts interessierten Vershofen in erster Linie die „abgeleiteten Bedürfnisse", während er die „Grundbedürfnisse" als nicht in den Bereich der Wirtschaft gehörend betrachtete.)

Abbott kommt zu folgenden Aussagen über die Verhaltensweisen der Konsumenten[89]:

„1. Die Grundbedürfnisse der Konsumenten sind Bedürfnisse nach Aktivitäten, die befriedigendes Erleben vermitteln. Die ins einzelne gehende Festlegung von Art und Umfang der befriedigenden Erlebnisse, die durch die gewünschten Aktivitäten erstrebt werden, macht die Zielsetzungen des wirtschaftlichen Handelns der Konsumenten aus. Ein ‚Bedürfnis' nach einer Aktivität oder Form des Erlebens ist nicht ein alleinstehender Wunsch, sondern eine Konstellation von Bedürfnissen.

2. Aus diesen Bedürfniskonstellationen ergeben sich die abgeleiteten Bedürfnisse. Sie richten sich auf die verschiedenen Gegenstände und Dienst-

---
[87] Abbott, Lawrence: a. a. O., S. 70.
[88] Ebenda, S. 71 f.
[89] Ebenda, S. 86 f.

leistungen, die für eine größtmögliche Hilfe bei der Durchführung der gewünschten Aktivität gehalten werden.

3. Die Grundbedürfnisse des Menschen sind Funktionen seiner persönlichen Geschmacksrichtungen und Wertvorstellungen sowie seiner Lebensumstände (Beruf, Einkommen, Familiengröße, Wohnort). Seine Lebensumstände sind zum Teil ihrerseits eine Funktion seiner persönlichen Geschmacksrichtungen und Wertvorstellungen, aber nicht ganz von ihnen abhängig.
4. Die abgeleiteten Bedürfnisse eines Wirtschaftssubjektes sind Funktionen seiner Grundbedürfnisse und des Ausmaßes seiner Kenntnis (oder Unkenntnis) der verschiedenen zur Wahl stehenden Mittel zur Befriedigung der Grundbedürfnisse.
5. Konsumenten mit feststehenden Zielsetzungen, die sich rational verhalten, halten sich die Entscheidungsmöglichkeit über die besten Mittel für die Zwecke offen. Da sie nie absolut sicher sein können, daß sie vollständig und zutreffend unterrichtet sind, bedeutet ihre Wertschätzung der einzelnen Produkte und damit ihr Präferenzensystem für sie immer nur eine provisorische Entscheidung, die sie revidieren, sobald neue Informationen oder Erfahrungen Irrtümer aufdecken.
6. Die abgeleiteten Bedürfnisse sind veränderlich, selbst wenn die Grundbedürfnisse konstant bleiben. Ein abgeleitetes Bedürfnis löst sich von einem Produkt und richtet sich auf ein neues, wenn immer jemand glaubt, daß das neue Produkt die Grundbedürfnisse besser befriedigt als das alte.
7. Jeder Konstellation von Grundbedürfnissen eines Wirtschaftssubjekts muß eine optimal erreichbare Variante eines Produktes entsprechen, also eine Variante, die, wenn sie hergestellt würde, die maximale Befriedigung der Bedürfnisse ergeben würde. Wenn eine optimale Variante tatsächlich von dem Wirtschaftssubjekt gekauft werden könnte, könnte durch einen Wechsel zu einem Substitut keine Steigerung der Befriedigung mehr erzielt werden..."

VIII. Rationalität oder Irrationalität des Verbrauchers?

1. Max Webers Unterscheidung

Es ist bereits dargestellt worden[90], daß Vershofen sich darum bemüht hat, das angeblich „irrationale" Verhalten der Menschen als Verbraucher besser zu verstehen. Dabei ging er von der — allgemein als selbstverständlich angesehenen — Annahme aus, daß man diejenigen Faktoren, die die Verhaltensweisen der Verbraucher vorherrschend bestimmen, in der Zusammenfassung als „Irrationalität" bezeichnen könne. Im wissenschaftlichen Bereich fand er die entsprechende generelle Feststellung bei Max *Weber,* dessen Unterscheidung er auf seinen engeren Untersuchungsgegenstand übertrug[91]. So spricht er — gestützt auf Max

---
[90] Vgl. S. 32 f. der vorliegenden Arbeit.

VIII. Rationalität oder Irrationalität des Verbrauchers?

Weber — von der Irrationalität und der Willkür des Konsumenten, von dessen emotionaler oder affektueller Überwältigung[92]. Diese Tatsache überrascht jedoch sehr, weil sich für denjenigen, der sich mit Vershofens Erkenntnissen über das Verbraucherverhalten eingehender befaßt hat, andere Einsichten geradezu aufdrängen; diese hier vertretene abweichende Auffassung läßt sich anhand der Ausführungen einiger weniger Autoren fundieren, während die allgemeine nationalökonomische Literatur nicht einmal in der Lage ist, zuverlässige Aussagen darüber zu machen, inwieweit das menschliche Handeln in der Wirtschaft überhaupt rational bzw. irrational bestimmt ist[93].

2. Psychologischer Exkurs

In diesem Zusammenhang erweist sich die Einbeziehung psychologischer Erkenntnisse als besonders notwendig und fruchtbar, weil mit ihrer Hilfe leichter geklärt werden kann, wie aus Erlebniswünschen marktrelevante Verhaltensweisen entstehen.

---

[91] Nach Max Weber kann menschliches Handeln bestimmt sein:
„1. zweckrational: durch Erwartungen des Verhaltens von Gegenständen der Außenwelt und von anderen Menschen und unter Benutzung dieser Erwartungen als ‚Bedingungen' oder als ‚Mittel' für rational, als Erfolg erstrebte und abgewogene eigne Zwecke — 2. wertrational: durch bewußten Glauben an den — ethischen, ästhetischen, religiösen oder wie immer sonst zu deutenden — unbedingten *Eigen*wert eines bestimmten Sichverhaltens rein als solchen und unabhängig vom Erfolg — 3. affektuell, insbesondere *emotional:* durch aktuelle Affekte und Gefühlslagen — 4. traditional: durch eingelebte Gewohnheit."
Wertrationales Handeln unterscheidet sich von affektuellem „durch die bewußte Herausarbeitung der letzten Richtpunkte des Handelns und durch kon*sequente* planvolle Orientierung daran ...", gemeinsam ist ihnen, „daß für sie der Sinn des Handelns nicht in dem jenseits seiner liegenden Erfolg, sondern in dem bestimmt gearteten Handeln als solchen liegt ... Stets ist ... wertrationales Handeln ein Handeln nach ‚Geboten' oder gemäß ‚Forderungen', die der Handelnde an sich gestellt glaubt ...
Zweckrational handelt, wer sein Handeln nach Zweck, Mittel und Nebenfolgen orientiert ..., also jedenfalls *weder* affektuell (und insbesondere nicht emotional) *noch* traditional handelt ...
Vom Standpunkt der Zweckrationalität aus aber ist Wertrationalität immer, und zwar je mehr je mehr sie den Wert, an dem das Handeln orientiert wird, zum absoluten Wert steigert, desto mehr: *irrational*, weil sie ja um so weniger auf die Folgen des Handelns reflektiert, je unbedingter allein dessen Eigenwert ... für sie in Betracht kommt. *Absolute* Zweckrationalität des Handelns ist aber auch nur ein im wesentlichen konstruktiver Grenzfall ...
Sehr selten ist Handeln, insbesondere soziales Handeln, *nur* in der einen *oder* der anderen Art orientiert."
Weber, Max: Wirtschaft und Gesellschaft, a. a. O., S. 12.

[92] Vgl. hierzu etwa Vershofen, Wilhelm: Wirtschaft als Schicksal, a. a. O., S. 227, 243, 253, 258 und derselbe: Handbuch der Verbrauchsforschung, a. a. O., S. 72.

[93] Vgl. Alschner, Gerd: Rationalität und Irrationalität in den wirtschaftlichen Handlungen und ihre Erfassung durch die Wirtschaftstheorie, in: Schmollers Jahrbuch, 77. Jg., 1. Halbband, Berlin 1957, S. 385 ff., S. 547 ff.

2. Psychologischer Exkurs

Der Übergang von der „vorstellenden Vergegenwärtigung" und der „Fixierung des Antriebszieles" *(Lersch)*, also vom bloßen Wünschen zum Wollen erfolgt im sog. „Willensruck", der für *Stern* der Zentralpunkt jeder Willenshandlung ist. „Menschliches Wollen ist ein, aus den Tiefen der Bedürfnissphäre gespeistes Streben, das durch bewußte Vorwegnahme von Ziel und Weg geleitet und geordnet wird[94]." Für Lersch ist mit dem Begriff des Wollens in engerem psychologisch stengem Sinne „... jener menschlich-seelische Vorgang gemeint, durch den bestimmt wird, welche Antriebe verwirklicht werden sollen, und der ferner das damit gesetzte Ziel gegen alle Widerstände durchsetzt, die seiner Verwirklichung entgegenstehen"[95]. Sowohl für Stern als auch für Lersch liegt ein Wesensmerkmal des Wollens darin, daß das Ziel irgendwie im *Bewußtsein* repräsentiert ist.

Über die Motivation des Wollens findet sich bei Stern die Unterscheidung in Phaeno-Motiv und Geno-Motiv als denjenigen „Innenfaktoren der Person, die den späteren Willensakt verursachen"[96]. In den Paeno-Motiven[97] schlägt sich nach Stern die bewußte Vorwegnahme des Willenszieles nieder, während die Geno-Motive die halb bewußten oder unbewußten Faktoren aus größerer Tiefe darstellen und die eigentlichen Energien enthalten; die letzteren liegen als eigentlicher Motor hinter den ersteren[98]. Für Stern bedeutet Phaeno-Motiv nicht nur ein im Bewußtsein erscheinendes Motiv (im Gegensatz zum unbewußt bleibenden Geno-Motiv), sondern auch ein *scheinbares*, vorgegebenes Motiv (im Gegensatz zum echten, eigentlichen Geno-Motiv)[99].

Den „antriebsunmittelbaren Impulshandlungen" stellt Lersch die „Willenshandlungen" gegenüber[100], als deren Wesensmerkmal er die Tatsache ansieht, „daß in ihnen ein Antriebserlebnis nicht unmittelbar in Handlungen umgesetzt, sondern in die Regie des Willens genommen und gegen Widerstände durchgesetzt wird"[101]. Die Willenshandlungen werden sodann weiter unterteilt in „einfache Willenshandlungen", „automatisierte Handlungen" und „Wahlhandlungen".

Das Wesen der „einfachen Willenshandlungen" sieht Lersch bestimmt durch die Bewußtmachung und Fixierung des Zieles (im „Vorsatz"), den Willensruck (nach Stern) und die Organisation des Vorgehens; außer-

---

[94] Stern, William: Allgemeine Psychologie auf personalistischer Grundlage, 2. Aufl., Haag 1950, S. 547.
[95] Lersch, Philipp: Aufbau der Person, 8. Aufl. München 1962, S. 483.
[96] Stern, William: a. a. O., S. 558.
[97] d. h. den unmittelbar erlebbaren seelischen Erscheinungen.
[98] Vgl. Stern, William, a. a. O., S. 558, S. 564.
[99] Ebenda, S. 567.
[100] Vgl. Lersch, Philipp: a. a. O., S. 482 ff.
[101] Ebenda, S. 488.

dem kann sich zwischen Antrieb und Verwirklichung eine Zäsur schieben, ein „Hiatus der Bewußtheit".

Aus der Erfahrung ergibt sich, daß sich eine einfache Willenshandlung sehr stark der antriebsunmittelbaren Handlung annähern kann, und zwar um so stärker, „je häufiger sich die im Zuge der Organisation des Vorgehens willensgesteuerten Teilhandlungen wiederholen und damit erlernt und zur Gewohnheit werden"[102]. Dieser „Automatisierung" kommt große Bedeutung zu, denn in ihr liegt „eine Ökonomie unseres seelischen Lebens. Unser Bewußtsein wird entlastet, wir sparen seelische Energie und machen sie verfügbar für die Erledigung neuer, ungewohnter Aufgaben und Notwendigkeiten des Lebens, die willensmäßig angegangen werden müssen"[103]. Lersch weist besonders darauf hin, „daß in den meisten Willenshandlungen antriebsunmittelbare und automatisierte Handlungen als Teilvorgänge enthalten sind"[104].

Während sowohl die einfachen Willenshandlungen als auch die Impulshandlungen nach Lersch aus einem einzigen Motiv resultieren, ist das Charakteristikum der „Wahlhandlungen" die Konkurrenz der Motive. Hierzu stellt Lersch fest: „Abgeschlossen wird dieses Vorstadium (der Motiv-Konkurrenz, H. M.) durch die Entscheidung für eines der Antriebsziele, die von den Motiven zur Wahl gestellt werden, durch den Entschluß, in dem wir uns als Träger möglichen Verhaltens mit einem bestimmten Antriebsziel identifizieren. Diese Entscheidung beruht auf Überlegungen, also auf noetischen Akten, die die Einsicht in die praktische Durchführbarkeit und die Folgen eines Handelns vermitteln, in seine Zweckmäßigkeit oder Unzweckmäßigkeit, seinen Wert oder Unwert im Hinblick auf ein zu erstrebendes Ziel der Lebensgestaltung und eine verantwortbare Form der Lebensführung[105]."

Im Gegensatz zu den einfachen Willenshandlungen, bei denen das einzige wirksame Motiv durchaus nicht deutlich bewußt zu werden braucht, setzt die Wahlhandlung eine Profilierung der möglichen Motive und insbesondere desjenigen, dem die Entscheidung zufällt, im Bewußtsein des Handelnden voraus[106].

Ähnlich wie Stern weist auch Lersch darauf hin, daß das entscheidende Motiv durchaus nicht immer auch das tatsächlich wirksame ist[107].

---

[102] Lersch, Philipp: a. a. O., S. 489 f. Katona nennt dieses Verhalten „habituelles Routineverhalten", vgl. Katona, George: Das Verhalten der Verbraucher und Unternehmer, Tübingen 1960, S. 57.
[103] Lersch, Philipp: a. a. O., S. 490.
[104] Ebenda, S. 490.
[105] Ebenda, S. 491.
[106] Ebenda, S. 491.
[107] Ebenda, S. 491: „Wenn wir etwas als Motiv unserer Handlung anerkennen, so können wir uns über die wahren inneren Zusammenhänge täuschen.

Unabhängig vom Zustandekommen ergibt sich jedoch die Folgerung: „... ob die Entscheidung auf einem echten oder auf einem Scheinmotiv beruht — sobald sie gefallen ist, identifizieren wir uns, sofern eine wirkliche Wahlhandlung vorliegt, als Träger möglichen Verhaltens mit dem Ziel und fixieren es... Im Anschluß daran vollzieht sich dann auch bei der Wahlhandlung all das, was schon für die einfache Willenshandlung als konstitutiv bezeichnet wurde, der Willensruck und die Organisation des Vorgehens[108]."

3. „Rational" und „irrational" in dreierlei Bedeutung

Nach diesem psychologischen Exkurs über das Wesen menschlichen Handelns kann für eine Beurteilung des angeblich irrationalen Verbraucherverhaltens die Überlegung darüber aufschlußreich sein, wie es zu dieser Bezeichnung überhaupt gekommen sein mag. Zuvor sei jedoch noch *Eisler*[109] zitiert, für den sich mit dem Begriff des Rationalen die Vorstellung „aus der Vernunft, dem Denken stammend" verbindet; demnach bedeutet rationales Handeln vernünftiges, vernunftgemäßes Handeln. Vershofen[110] verwendet den Begriff „Ratio" im Sinne von „rechnendem, überlegendem Verstand".

Eine der zahlreichen Anwendungen des Wortes Ratio findet sich im technischen Bereich, wo unter Rationalität das Bestreben verstanden wird, „Arbeitsvorgänge und Arbeitsmittel so zu ordnen, daß einem Optimum von Aufwand ein Optimum von Leistung begegnet"[111]. Der Vorgang der „Rationalisierung", also das Walten des überlegenden Verstandes, führt intentional zu einer besseren technischen „Wirtschaftlichkeit" bei der Erreichung eines genau umrissenen Zieles; ob dieses auch tatsäch-

---

Motive können sehr häufig vorgeschoben sein, während die Handlung bzw. die ihr vorausgehende Entscheidung tatsächlich aus ganz anderen Antrieben kommt... Nietzsche hat das Verdienst, gerade solche Scheinmotive und die tatsächlichen unbewußten Motivationszusammenhänge aufgedeckt zu haben, auf welchem Wege ihm dann die moderne Tiefenpsychologie gefolgt ist."

[108] Lersch, Philipp: a. a. O., S. 492. Schon bei Christoph Sigwart finden sich auch heute noch gültige Ansatzpunkte für eine Phaenomenologie des Wollens; er unterscheidet im Handlungsablauf die folgenden Stadien: 1 a) Die Entstehung des Projekts, 1 b) das Stadium der Überlegung, 1 c) die Willensentscheidung; 2. das Stadium der Ausführung, 2 a) die Überlegung der Mittel, 2 b) die Ausführung der beschlossenen Handlung. — Vgl. hierzu Sigwart, Christoph: Der Begriff des Wollens und sein Verhältnis zum Begriff der Ursache, in: Kleine Schriften, 2. Band, Freiburg 1889, S. 115—211.

[109] Vgl. Eisler, Rudolf: Wörterbuch der philosophischen Begriffe, 4. Aufl., Berlin 1927, 2. Band, S. 579.

[110] Vgl. Vershofen, Wilhelm: Rechnen und Verstehen, in: Markt und Verbrauch, 14. Jg., Berlin 1942, S. 185 ff.

[111] Derselbe: Über das Verhältnis von technischer Vernunft und wirtschaftlicher Wertung, Nürnberg 1925, S. 5.

lich erreicht worden ist, läßt sich spätestens nach Abschluß des Vorganges objektiv feststellen, häufig ist das jedoch schon während des Ablaufes möglich und gar nicht selten noch vor Ingangsetzung, weil der Ablauf aufgrund der technischen Gesetzmäßigkeiten vorhersehbar ist.

Hier interessiert indessen in besonderem Maße die Beziehung zwischen Rationalität und Wirtschaft. Nach allgemeiner Auffassung erfolgt die Realisierung des Rationalprinzips seitens des *Erwerbs*wirtschafters durch Handeln, das man gemeinhin als vorwiegend vernünftig, zweck- und planmäßig, rechenhaft orientiert zu charakterisieren pflegt. Dies erklärt sich wohl aus der Tatsache, daß man eine Reihe von Gesetzen, Regeln, Tendenzen und Zwängen kennt, die das unternehmerische erwerbswirtschaftliche Handeln mehr oder weniger stark bestimmen und es deshalb — ähnlich dem Ablauf eines technischen Prozesses — wenigstens in gewissen Umfange als berechenbar und vorhersehbar erscheinen lassen. Hinzu kommt als wichtiges Moment der Umstand, daß auch der Außenstehende glaubt, Ziel und Zweck des Wirtschaftens genau zu kennen, obgleich es sich bei dem hier dann auch mit Recht regelmäßig vermuteten Streben nach Maximierung des geldlichen Überschusses zweifellos nur um „Zwischenziele" bzw. „Vorzwecke" (im Sinne v. Zwiedineck-Südenhorsts) handeln kann. Immerhin steht fest, daß das Wirtschaftssubjekt selbst aufgrund einer entsprechenden *Rechnung* verhältnismäßig exakt ermitteln kann, inwieweit es im Hinblick auf die Erreichung des Vorzweckes erfolgreich gewesen ist; und auch Dritten ist es anhand der entsprechenden Unterlagen und Einsichten möglich, diese Überlegungen ebenfalls anzustellen, eben weil es sich hierbei um rechenhaft erfaßbare Tatbestände handelt.

Aus dem Streben nach Verwirklichung des Rationalprinzips, der optimalen Anpassung der Mittel an die Zwecke, leitet sich die Bezeichnung „rational" für das *gesamte* Handeln im Rahmen der Erwerbswirtschaft her, und als „rational" gilt dann nicht nur das rechenhafte und berechenbare, sondern darüber hinaus das bewußtseinsgesteuerte — und deshalb „vernünftige" — Handeln des Erwerbswirtschafters.

Als völlig andersartig werden offensichtlich — nach der Wiederentdeckung des Verbrauchers durch die Wirtschaftswissenschaft — die Verhaltensweisen im Rahmen der Verbrauchswirtschaft empfunden. In der Tat sind die augenfälligen Unterschiede gegenüber dem erwerbswirtschaftlichen Handeln — zu dem im übrigen auch das Anbieten der eigenen Leistungsspezialität durch den Arbeitnehmer gehört — recht groß: Launen- und Sprunghaftigkeit, Empfänglichkeit gegenüber affektuellen und emotionalen Einflüssen usw. führen dazu, in diesem Bereich von willkürlichem, unberechenbarem, unvernünftigem Handeln zu sprechen und als Sammelbezeichnung hierfür die Vokabel „irrational" zu ver-

3. „Rational" und „irrational" in dreierlei Bedeutung

wenden. Diese „Irrationalität des Verbrauchers" die — je nach Standort — einmal als Symbol der freiheitlichen Wirtschaftsverfassung gepriesen und das andere Mal als Störungsfaktor im Wirtschaftsablauf verdammt wird, bedarf einer gründlichen Prüfung; denn die Annahme, der Mensch schalte gerade dann, wenn er als Verbraucher handelt, seine Vernunft, die ein Charakteristikum seines Menschseins darstellt, mehr oder weniger aus, widerspricht doch allzusehr den Erwartungen.

Die Mißverständnisse, Unklarheiten und Widersprüche, die bei der Verwendung des Begriffspaares „rational — irrational" auftreten, sind darauf zurückzuführen, daß man mit ihm mindestens drei grundverschiedene Aspekte des menschlichen Handelns zu charakterisieren versucht:

1. Will man damit den unterschiedlichen Grad der Bewußtseinsintensität beim Ablauf einer menschlichen Handlung ausdrücken;
2. erfolgt durch die Verwendung des Begriffspaares eine Bewertung derjenigen Zwecke, die durch das Handeln erreicht werden sollen und der Art des Vorgehens zu ihrer Erreichung;
3. glaubt man damit eine Bezeichnung für den Grad der Berechenbarkeit des Verhaltens gefunden zu haben.

Diese drei Gesichtspunkte sollen im folgenden näher untersucht werden, soweit sie in Beziehung stehen zu dem marktrelevanten Verbraucherverhalten.

Zu 1: Auch *Katona*[112] weist hin auf die Verwendung des Begriffspaares „rational-irrational" zur Charakterisierung des Unterschieds zwischen zweckhaftem und verstehbarem Verhalten auf der einen und emotionalem, zufälligem, unverstehbarem Verhalten auf der anderen Seite, doch fügt er sogleich hinzu, daß die Psychologie kein Verhalten kenne, „das schließlich nicht irgendwie verstanden werden kann. Für sie ist die Konzeption des rationalen Verhaltens nur in einer Bedeutung sinnvoll, nämlich in der Beschreibung des rationalen Verhaltens als eines Abwägens verschiedener alternativer Handlungsabläufe und der sich daran anschließenden, von bestimmten Prinzipien geleiteten freien Auswahl zwischen ihnen. So definiert deckt sich der Begriff des rationalen Verhaltens mit dem der echten Entscheidung: d. h. einer Entscheidung gemäß den Erfordernissen der Situation". Allerdings kann Katona nicht gefolgt werden, wenn er dieses (rationale) Verhalten dem mechanischen, sich wiederholenden, also dem Routineverhalten gegenüberstellt, und dieses damit implizite als irrational bezeichnet.

---

[112] Katona, George: Das Verhalten der Verbraucher und Unternehmer, a. a. O., S. 58.

In der Phaenomenologie des Handelns findet sich nämlich das Kriterium „vernünftig" bzw. „zweckmäßig" und die entsprechenden Gegensätze *nicht;* wohl aber unterscheidet die Psychologie bei Willenshandlungen, die eine gegliederte Durchführung erfordern, eine unterschiedliche Intensität des Willensbewußtseins während der einzelnen Phasen. „Die ursprüngliche Zielbewußtheit des Willensimpulses schlägt sich also nieder in *Einstellungen,* die — solange sie sich ungehindert auswirken können — des Bewußtseins nicht bedürfen. Aber sie sind bereit, sofort wieder in Bewußtsein umzuschlagen, wenn die Situation es erfordert[113]." Es sei in diesem Zusammenhang an die im psychologischen Exkurs erwähnte Ökonomisierung durch Automatisierung (Lersch) erinnert[114].

Die Psychologie geht demnach von der Vorstellung aus, daß die „Organisation des Vorgehens" stets *subjektiv vernünftig,* d. h. im Hinblick auf das Antriebsziel sinnvoll erfolge. Bei der Beurteilung dieses subjektiv vernünftigen Handelns im Markt ist zu berücksichtigen, daß die Ordnung der Mittel jeweils im Rahmen einer individuellen Ökonomie des Handelns erfolgt, d. h. daß ein Marktsubjekt z. B. nach maximaler Marktkenntnis strebt, und dafür einen großen Aufwand an Zeit und Energie opfert, während ein anderes Marktsubjekt sich mit einer geringeren Markttransparenz zufriedengibt und sich mehr den Gewohnheiten überläßt. Der gleiche Endzweck kann demnach mit einem unterschiedlich großen Aufwand an Bewußtsein und Willensentscheidung angestrebt werden.

Handeln ohne Willen und damit ohne Bewußtsein nennt Lersch[115] „antriebsunmittelbar"; dabei seien Antrieb und Handlung, Anfang und Ende des seelischen Funktionskreises gleichsam kurzgeschlossen; zu dieser Art des Handelns zählt Lersch die Trieb- oder Affekthandlungen und das sogenannte „impulsive" Verhalten.

Insoweit man das Handeln des Konsumenten im Markte als „*Wirtschaften*" bezeichnet, ist es ein Disponieren aufgrund des von der Vernunft geregelten Willens[116]. Damit impliziert „Wirtschaften" aber, daß es sich um „Willenshandlungen" (im Sinne der Psychologie) handelt. „Antriebsunmittelbare" Handlungen stellen somit kein Wirtschaften dar, wohl aber „einfache Willenshandlungen", die auf eine „Denk-

---

[113] Stern, William: Allgemeine Psychologie, a. a. O., S. 583.

[114] Schon Böhm-Bawerk weist darauf hin, daß sich der Mensch über sein Handeln nur insoweit klarwerden kann, als es die jeweilige Entscheidungssituation verlange. (In: „Kapital und Kapitalzins") — Insoweit erweist sich der Mensch als „homo habitualis" (Ch. v. Reichenau).

[115] Vgl. Lersch, Philipp: a. a. O., S. 481.

[116] Vgl. v. Zwiedineck-Südenhorst, Otto: Allgemeine Volkswirtschaftslehre, 2. Aufl., Berlin-Göttingen-Heidelberg 1948, S. 5.

3. „Rational" und „irrational" in dreierlei Bedeutung

ökonomie" zurückzuführenden „automatisierten Handlungen" und vor allem die „Wahlhandlungen". Akzeptiert man die vorstehende Auffassung vom Wesen des Wirtschaftens, dann gibt es ex definitione auch kein Handeln des Verbrauchers — soweit es ökonomisch relevant wird — ohne Einschaltung des Bewußtseins, oder aber es können gewisse Teile des Verbraucherverhaltens — eben die antriebsunmittelbaren Handlungen — nicht länger als „Wirtschaften" bezeichnet werden.

Im Hinblick auf das Verhalten des Menschen als Verbraucher muß aber ohnehin konstatiert werden, daß die „antriebsunmittelbaren Handlungen" regelmäßig nur den allergeringsten Anteil daran haben; selbst der so häufig strapazierte „Impulskauf" im Supermarkt — der besser als „Spontankauf" bezeichnet würde — entzieht sich zwar der *Plan*mäßigkeit, keineswegs jedoch völlig der Willens- bzw. Bewußtseinssteuerung.

Zusammenfassend muß gesagt werden, daß das Verbraucherverhalten im Hinblick auf den Intensitätsgrad der Bewußtseinssteuerung durch die Verwendung der Vokabel „irrational" nicht transparenter wird; vielmehr gehen durch die Gegenüberstellung von „irrational" und „rational" wesentliche psychologische Einsichten verloren.

Aus diesem Grunde verwendet auch Ludwig *Mises*[117] nicht das Begriffspaar „rational" und „irrational"; für ihn ist *alles* menschliche Handeln in seiner Zielsetzung auf wirtschaftliche oder auf außerwirtschaftliche (End-)Zwecke als *rational* zu bezeichnen, soweit es der Bewußtseinssteuerung unterliegt. Zum entscheidenden Kriterium dafür, ob ein Handeln als rational oder aber als *reaktiv* anzusehen ist, wird auch hier das Vorhandensein bzw. Fehlen einer Willensentscheidung im Handlungsablauf. Im Gegensatz zu Max Weber bestimmt Mises so den Charakter des Handelns *nicht* vom Zweck her.

Zu 2: In einer anderen Sicht verwendet man die beiden Begriffe „rational" und „irrational" zur Kennzeichnung des menschlichen Handelns, wenn man von der Zwecksetzung ausgeht; im wissenschaftlichen Bereich ist diese Unterscheidung auf Max *Weber* zurückzuführen, der ein Handeln je nach dem angestrebten Endzweck einmal als rational, das andere Mal als irrational bezeichnet hat[118]. Mises kann aber überzeugend nachweisen, daß Weber mit seinen Kriterien keine brauchbaren Unterscheidungsmerkmale anbietet, wenn es darum geht, das Handeln als solches, nicht aber die Beschaffenheit des Zieles ins Auge zu fassen. Denn auch „wertrationales", „affektuelles" und „traditionales" Han-

---

[117] Vgl. Mises, Ludwig: Grundprobleme der Nationalökonomie, Jena 1933, insbesondere S. 79 ff. und S. 89 ff.
[118] Vgl. S. 76 der vorliegenden Arbeit.

VIII. Rationalität oder Irrationalität des Verbrauchers?

deln lassen sich ohne Schwierigkeiten auf die Kategorie „zweckrationales" Handeln zurückführen. Im Hinblick auf das „wertrationale" Handeln wirft Mises Weber vor, einem alten Mißverständnis zum Opfer gefallen zu sein, demzufolge unter „Zweck" nur materielle und in Geld ausdrückbare Werte zu verstehen seien[119]. Selbst das „affektuelle" Verhalten bedeutet nach Mises nichts anderes als eine „Verschiebung der Rangordnung der Zwecke, man beurteilt sie anders als später bei kühler Erwägung der Dinge..."[120]. Mises gelangt so zu der Schlußfolgerung[121]: „Alles, was wir als *menschliches* Verhalten ansehen können, weil es über das bloß reaktive Verhalten der Organe des menschlichen Körpers hinausgeht, ist *zweckrational*, wählt zwischen gegebenen Möglichkeiten, um das am sehnlichsten erwünschte Ziel zu erreichen."

Wenn in diesem Zusammenhang von „irrational" gesprochen wird, so legt man in diesen Begriff im allgemeinen die Bedeutung von „unvernünftig", „unrichtig" oder „von der Norm abweichend". Aber schon Max Weber hat darauf hingewiesen[122], daß „rational" nicht mit „richtig" verwechselt werden dürfe. Erst recht nach den Darlegungen Mises kann festgestellt werden, daß zweckrationales Handeln seinem Wesen nach stets *subjektiv* vernünftig ist. Wegen des Fehlens eines geeigneten Maßstabes ist dagegen eine *objektive* Beurteilung des Handelns überhaupt *nicht* möglich. Voraussetzung dafür wäre nämlich das Existieren einer Technologie, anhand derer das Abweichen vom jeweils „rationalsten" Handeln gemessen werden könnte[123]. Diese Technologie würde aber ihrerseits wiederum erfordern die Objektivierbarkeit der Vorzwecke (um die es sich bei wirtschaftlichen Gütern regelmäßig handelt) und darüber hinaus der Endzwecke nach Haupt- und Nebenzwecken.

Erst nach der Einführung eines allgemeinverbindlichen Wertsystems, durch das die Gesellung zu einer „Wertungsgemeinschaft" im Sinne Vershofens würde, und in der ein oberster Wert wirklich allgemein anerkannt wäre, ließe sich mit gewisser Berechtigung eine Entscheidung darüber fällen, ob eine bestimmte Zwecksetzung und damit das entsprechende Handeln im Sinne dieses Wertes als vernunftgemäß oder als nicht-vernunftgemäß anzusehen ist.

---

[119] Vgl. Mises, Ludwig: a. a. O., S. 81.
[120] Ebenda, S. 82.
[121] Ebenda, S. 82 — im Original ohne Hervorhebungen. Zu ähnlicher Ansicht gelangt auch Erich Preiser: Das Rationalprinzip in der Wirtschaft und in der Wirtschaftspolitik, in: Jahrbücher für Nationalökonomie und Statistik, 158. Band, Jena 1943.
[122] Vgl. Max Weber: Gesammelte Aufsätze zur Wissenschaftslehre, Tübingen 1922, S. 503.
[123] Vgl. Mises, Ludwig: Grundprobleme..., a. a. O., S. 33.

So kann zusammenfassend Mises' Vorschlag zitiert werden[124]: „Statt zu sagen: das Irrationale spielt eine Rolle im Handeln, sollte man sich gewöhnen, einfach zu sagen: es gibt Leute, die anderes anstreben, als ich es tue, und Leute, die andere Mittel anwenden, die ich in ihrer Lage anwenden würde."

Zu 3: Nachdem bisher gezeigt wurde, daß „irrational" sowohl in der Bedeutung von „unter mehr oder weniger vollständiger Ausschaltung des Bewußtseins" als auch von „unvernünftig, unrichtig" keine brauchbaren Bezeichnungen zur Charakterisierung des menschlichen Handelns abgibt, muß nun noch kurz auf die Bedeutung von „irrational = unberechenbar, nicht vorhersehbar" eingegangen werden. Dabei sei daran erinnert, daß die *Zweck*setzung das Handeln bestimmt und daß daher die Frage nach seiner Berechenbarkeit auf die Frage nach der Konstanz der Vor- oder gar der Endzwecke hinausläuft: Mit jeder Veränderung der subjektiven Wertvorstellung ergibt sich zwangsläufig auch eine Änderung in der „Organisation des Vorgehens" zu ihrer Realisierung.

In dieser Hinsicht bedarf es nun nicht vieler Worte, um darzulegen, daß die Stabilität der Ziel- oder Zweckvorstellungen des Menschen allgemein sehr gering ist; wo überhaupt ein Individuum für sich persönlich eine Planung seines Handelns vornimmt, da ist zumeist trotzdem die Neigung latent, diesen Plan aufgrund neuer bzw. anderer Zwecke abzuändern oder gänzlich aufzugeben. Im engeren Bereich des Verhaltens als Verbraucher gelangte *Schreiber*[125] durch eingehende empirische Studien zur Bestätigung einer auch vorher bereits bekannten Feststellung: „Für die nationalökonomische Forschung ist zu folgern, daß ein durchweg oder überwiegend plangemäßes Kaufverhalten der Konsumenten in theoretischen Analysen nicht vorausgesetzt werden sollte, da diese Annahme offenbar eine zu starke Abstraktion von den tatsächlichen Verhältnissen darstellt."

Nur in diesem *einen* Sinne — in der Bedeutung von „unvorhersehbar, unberechenbar" — erscheint es demnach zulässig, von der „Irrationalität des Verbrauchers" zu sprechen, wenn man es nicht überhaupt vorzieht, statt dieses schillernden Begriffes eine eindeutigere Bezeichnung zu verwenden.

4. Bedarfsbildung und Bedarfsdeckung

Faßt man die bisherigen Ausführungen dieses Kapitels zusammen und wendet man die Ergebnisse nun speziell auf das Verbraucherverhal-

---

[124] Mises, Ludwig: Grundprobleme, a. a. O., S. 34.
[125] Schreiber, Klaus: Die Hypothese plangemäßen Kaufverhaltens der Verbraucher und ihre empirische Verifizierung. Diss. FU Berlin 1954, S. 96.

ten an, so gelangt man zu der Einsicht, daß Vershofens Feststellung von der „Irrationalität des Verbrauchers" in dieser allgemeinen und nicht näher präzisierten Formulierung nicht akzeptiert werden kann; allerdings spricht er selbst an anderer Stelle im selben Zusammenhang von einer — verglichen mit der „technischen Vernunft" — „anderen Art der Vernunft", die sich im optimalen Nutzensstreben im Verbrauch zeige[126], und schließlich verwendet er, wieder an anderer Stelle, die Bezeichnung „subjektive Vernünftigkeit".

Unabhängig von der Formulierung im einzelnen Fall wird Vershofens Aussage dann verständlich, wenn man sich vergegenwärtigt — worauf Bergler und Wilhelm hingewiesen haben[127] —, daß es sich bei der angeblichen Irrationalität nicht um eine solche im streng logischen Sinne als Gegensatz zum objektiv Rationalen handelt, sondern um eine irrationale Haltung, wie sie der *Produzent* aus *seiner* Sicht beim Konsumenten zu erkennen glaubt.

Unbestritten bleibt aber nach wie vor, daß das Verbraucherverhalten bestimmt wird durch die spezielle Zielsetzung, die ihm zugrunde liegt. Beim Zustandekommen dieser Endzwecke wirken nun in der Tat neben der Vernunft in starkem Maße — zumeist sogar entscheidend — Emotionen, also Gemütsbewegungen, Erregungen, Gefühle komplexer Zusammensetzung, sowie Strebungen und Triebe der vielfältigsten Art mit. Insoweit kann das Entstehen der Zweckvorstellungen, d. h. im wirtschaftlichen Bereich die Bedarfs*bildung* als „nicht-rational" bezeichnet werden. Man kann zur Verdeutlichung des Zusammenhanges *Geigers* etwas extrem anmutende Feststellung zitieren, nach der die Vernunft

---

[126] Vgl. Vershofen, Wilhelm: Die Marktentnahme..., a. a. O., S. 111.

[127] Bergler spricht von einer „neuen Art von Rationalität, die in einen schier unüberbrückbaren Gegensatz zu jener des Verkäufers geraten muß. Die Rationalität des Verbrauchers wird genauso von seinen Nutzenerwägungen bestimmt wie die des Verkäufers." (Bergler, Georg: Verbraucher und Verbrauchswandlungen, in: Frankfurter Allgemeine Zeitung, Frankfurt/Main, 29. 1. 1955) An anderer Stelle verwendet er in diesem Zusammenhang den Ausdruck „Transrationalität" (Vgl.: Bergler, Georg: Rationalisierung und Verbrauchsforschung, in: die absatzwirtschaft, Nürnberg 1953, S. 1).
Vgl. Wilhelm, Herbert: Marktautomatismus..., a. a. O., S. 257 (Fußnote 147): „... Rational von der Produktionsseite aus gesehen wäre eine Verbraucherhaltung, die dazu führt, daß in der Vergangenheit begonnene und heute auf den Markt gebrachte Produktion auch von den Verbrauchern in Zahl und Qualität gewollt wird. Sobald die geplanten Größen durch die Änderungen der Verbraucherwünsche jedoch nicht mehr mit den verwirklichten Größen übereinstimmen, wird die ‚Schuld' in dem ‚irrationalen' Verhalten der Konsumenten gesucht. Der Verbraucher selbst handelt genauso rational wie der Produzent auch, allerdings von seinem Standpunkt aus. Daß eine nachträgliche Beurteilung einer bestimmten Entscheidung sich als verfehlte Bewertung herausstellen kann, trifft auf beide Seiten zu... Nur... daß in der Regel die Zwecksetzung des Produzenten viel konstanter und dauerhafter ist als die des Konsumenten..."

niemals über die Wahl eines Zieles entscheiden kann. „Keine Zielsetzung kann je ‚rational' sein. Rational ist immer nur der Zusammenhang eines gewählten Zieles mit ihm dienlichen Mitteln. Einfach ausgedrückt: die Vernunft sagt mir niemals, was ich zu wollen habe, sondern stets nur, wie ich ein Gewolltes erreichen, ein Unerwünschtes vermeiden kann[128]."

Das *Zustandekommen* der Motive ist aber nach Vershofen nicht Gegenstand *wirtschafts*wissenschaftlicher Forschungen; dies stellt keinen Widerspruch zu der früher gemachten Aussage dar, daß man sich in Nürnberg schon sehr bald um die Motive des Verbraucherverhaltens gekümmert habe[129], denn man wollte tatsächlich nicht die Entstehung der Motive analysieren, sondern diese als Agenzien des Marktgeschehens erkennen und in gewisse Ordnungen bringen. Der Wirtschaftswissenschaftler hat also von der Tatsache auszugehen, daß Endzwecke existieren, die mit wirtschaftlichen Mitteln erreicht werden sollen; die Art und Weise dieser Zweckerreichung ist nach Vershofen das eigentliche Anliegen der Verbrauchsforschung.

5. Wirtschaften ist stets (zweck-)rational

Die Willkür bzw. Unberechenbarkeit (aus der Sicht Dritter) des Verbrauchers in seinem Marktverhalten ergibt sich aus dem unablässigen Bemühen um den optimalen Weg zur Zweckerfüllung; als Mittel hierfür dienen ihm die „Nutzen", die ein Marktobjekt zu stiften in der Lage ist. Sobald für den Verbraucher eine neue, ihm besser erscheinende Lösung erkennbar geworden ist, wird er die „Organisation des Vorgehens" ändern; (dies geschieht außerdem selbstverständlich bei einer Änderung des Endzweckes selbst.)

Bei der Zweckerreichung spielen, wie Vershofen nachgewiesen hat, die verschiedenen Nutzenkomponenten eine unterschiedliche Rolle. Unverständlich bleibt es allerdings, warum Vershofen nur das Abwägen des „Grundnutzens" (des „generellen Nutzens") als *rational* bezeichnete: „Dem Grund- oder Zwecknutzen... der sich der rationalen Überlegung präsentiert..."[130] und ferner in seiner Aussage, daß nur derjenige *rein rational* handele, der ausschließlich den Grundnutzen eines Objektes im Auge habe[131].

---

[128] Geiger, Theodor: Die Gesellschaft zwischen Pathos und Nüchternheit, København 1960, S. 143.
[129] Vgl. S. 29 der vorliegenden Arbeit.
[130] Vershofen, Wilhelm: Die Marktentnahme..., a. a. O., S. 86.
[131] Vgl. derselbe: Handbuch..., a. a. O., S. 72.

VIII. Rationalität oder Irrationalität des Verbrauchers?

Freilich ist in bezug auf den „Grundnutzen" („generellen Nutzen") das Verhalten der Verbraucher, wie oben anhand des Prozesses der sozialen Angleichung gezeigt wurde, gleichförmiger und eher vorhersehbar; wenn hier also „rational" = berechenbar bedeutet, ließe sich gegen die Feststellung nichts einwenden. Soll aber „rational" = bewußtseinsgesteuert zum Ausdruck bringen, dann ist die Aussage nicht haltbar. Vershofen hat selbst bei der Entwicklung bzw. Ableitung der Nutzengliederung immer wieder gezeigt, daß das *Abwägen* der Nutzenkomponenten gegeneinander eine Aufgabe für den Konsumenten darstellt, die dieser *stets* bewußt, allerdings mit unterschiedlichem Intensitätsgrad zu erfüllen sucht. Die von Vershofen zitierten Überlegungen: „Brauchen kann ich das ja eigentlich nicht, aber der Kauf war so vorteilhaft..". und „Praktisch ist das vielleicht nicht so sehr, aber die Form gefällt mir so gut..."[132] bringen dies doch sehr deutlich zum Ausdruck.

Auch speziell beim Geltungsnutzen erweist es sich, daß der Verbraucher sich der sozialen Einflüsse, Spielregeln und Zwänge mehr oder weniger deutlich bewußt ist; hierin unterscheiden sich z. B. die Nürnberger Einsichten von denen der „amerikanisch-deutschen Konsumtheorie"[133], derzufolge die sozialen Zwänge als dem Individuum weitgehend unbewußt anzusehen sind.

Es hat auch nichts mit Mangel an Vernunft zu tun, wenn der Konsument viele Marktprobleme habituell, d. h. gewohnheitsmäßig (mittels „automatisierter Handlungen") zu lösen sucht; es ist vielmehr als höchst rational zu bezeichnen, wenn er in dieser Weise auf erfolgreiche Anpassungen der Vergangenheit zurückgreift; es wurde bereits erwähnt, daß in dieser „Regression" eine Tendenz zur Einsparung von seelischer Energie gesehen werden kann[134].

Als „irrational" im Sinne von „unberechenbar" (aber in diesem Fall nun nicht = „unvorhersehbar") mag das Konsumentenverhalten allerdings auch noch aus einem anderen Grunde bezeichnet werden: Das angestrebte Nutzenmaximum umschließt beim Verbraucher eine so komplexe Erscheinung, daß an eine rechenhafte Erfassung weder durch Dritte noch durch den Konsumenten selbst zu denken ist. Es handelt sich hier um eine „Kombination verschiedener Zielsetzungen, die we-

---

[132] Vgl. Vershofen, Wilhelm: Die Marktentnahme..., a. a. O., S. 71 f.

[133] Vgl. S. 12 f. der vorliegenden Arbeit.

[134] Vgl. hierzu auch Mehlem, Günther: Die Stellung des Verbrauchers in der Marktwirtschaft u. b. B. seines Verhältnisses zur Warenqualität; Diss. Hamburg 1960, S. 112; Mehlem macht seinerseits aufmerksam auf Alexander, Franz: Irrationale Kräfte unserer Zeit, Stuttgart 1946, insbesondere S. 178.

gen ihrer Qualität niemals addiert werden können"[135]. Insofern unterscheidet sich das Wirtschaftsergebnis des Verbrauchers grundsätzlich von dem des Erwerbswirtschafters, weil dieser den Grad der Zweckerreichung in der Regel messen und in Zahlen zum Ausdruck bringen kann, während sich das Ziel des Konsumenten eben eindeutig allen rechenhaften Überlegungen entzieht.

Abschließend kann zusammenfassend gesagt werden, daß Vershofen selbst die hier behandelten Sachverhalte sehr genau erkannt und beschrieben hat; lediglich die Verwendung des vieldeutigen Begriffs „irrational" läßt die Gefahr von Mißverständnissen aufkommen. Am Ende seines Lebens hat dann auch er von der „anderen" Rationalität des Verbrauchers gesprochen.

Wenn im vorstehenden gezeigt worden ist, daß sich der Konsument in den seltensten Fällen wirklich irrational verhält, so kann daraus aber keinesfalls gefolgert werden, daß das Modell des homo oeconomicus consumens nun doch eine gewisse Wirklichkeitsnähe besitze; denn so wenig der Verbraucher irrational bestimmt ist, so wenig verhält er sich andererseits ökonomisch in *dem* Sinne, wie es in der Bezeichnung „homo oeconomicus" zum Ausdruck gebracht wird. Diesem unterstellt man nämlich, daß er Güter nur wegen ihrer sachlichen Zweckdienlichkeit, nicht aber wegen ihres Nutzens, der sich z. B. in sozialer Hinsicht aus Besitz oder Konsum ergibt, nachfragt. Weil die Wirtschaft aber nur ein Instrument der Gesellung ist, sind es letztlich außerwirtschaftliche Zielsetzungen, die das menschliche Handeln, und speziell das Wirtschaften, entscheidend bestimmen.

---

[135] Wilhelm, Herbert: Werbung als wirtschaftstheoretisches Problem, Berlin 1961, S. 36; vgl. hierzu auch vom selben Verfasser: Die ‚Irrationalität' des Verbrauchers, in: Die Gesellung, Zeitschrift für Wirtschaft und Kultur, hrsg. v. d. Wilhelm-Vershofen-Gesellschaft e. V., Nürnberg 1954, Heft 2, S. 1 ff.

Vierter Teil

IX. Schlußbetrachtung

Weil im Rahmen dieser Arbeit immer wieder von einer „Theorie des Verbraucherverhaltens" die Rede war, muß nun doch noch geprüft werden, inwieweit es überhaupt zulässig ist, von einer solchen zu sprechen. Zweckmäßigerweise geht man dabei von der Bedeutung des Begriffes „Theorie" aus. Es finden sich hier unzählige Definitionen, die sich jedoch einigermaßen ordnen lassen, wenn man die Anforderungen, die an eine Theorie gestellt werden, als Kriterium wählt — drei typische Beispiele sollen hier zitiert werden.

„In der modernen Wissenschaftslehre steht Theorie im Gegensatz sowohl zur bloßen Feststellung von Tatsachen als zur Hypothese. Der Feststellung der Tatsachen durch Erfahrung und Experiment folgt in der Naturwissenschaft die einheitliche, widerspruchslose, womöglich mathematische Beschreibung der Tatsachen sowie deren Erklärung aus notwendigen Gesetzen und Ursachen. Solange jedoch eine solche Erklärung zwar ohne Widerspruch in sich und zu den Tatsachen, aber eine andere Erklärung nicht ausgeschlossen ist, bleibt sie eine mehr oder weniger wahrscheinliche Hypothese. Erst wenn der Nachweis erbracht ist, daß die gegebene Erklärung die einzige ist, die den Tatsachen entspricht, erhält sie den Rang einer Theorie. Bestätigt wird die Theorie vor allem dadurch, daß sie zur Entdeckung neuer Tatsachen hinleitet ...[1]"

Diese Definition stellt sehr hohe Ansprüche an Exaktheit und Geschlossenheit, wenn man sie mit der folgenden vergleicht:

„... Theorie bedeutet jetzt im Gegensatz zur bloßen Empirie jede wissenschaftliche Wissenseinheit, in welcher Tatsachen und Hypothesen zu einem Ganzen verarbeitet sind, also ein wissenschaftliches Gebilde, in dem die Tatsachen in ihrer Unterordnung unter die allgemeinen Gesetze erkannt und ihre Verbindungen aus diesen erklärt werden. Das ihr unausweichlich anhaftende hypothetische Element mischt in alle Erkenntnis durch Theorie etwas von Unsicherheit und bloßer Wahrscheinlichkeit, die sich mit jeder einstimmenden Tatsache günstiger stellt, mit jeder entgegenstehenden ungünstiger ...[2]"

---

[1] Brugger, Walter: „Theorie", in: Philosophisches Wörterbuch, Hrsg. W. Brugger, Freiburg i. Br. 1947, S. 354.

[2] „Theorie", in: Philosophisches Wörterbuch, begr. v. Heinrich Schmidt, neu bearb. v. Justus Streller, Stuttgart 1951, S. 577.

IX. Schlußbetrachtung

Bereits aus der Anwendung in der sozialökonomischen Wissenschaft stammt eine sehr weite Fassung des Begriffes Theorie:

„Theorie ist heute nichts anderes als Zusammenschau von Material zu einem geschlossenen Bilde — wenn es ein solches gibt. Ob und für welchen zeitlichen und räumlichen Geltungsbereich das Material zu einem Gesetz durchstrukturiert, steht gar nicht von vornherein fest, sondern läßt sich selbst wieder nur aus dem Material erweisen[3]."

Aus den unterschiedlichen Anforderungen an die Theorie ergibt sich zwangsläufig die unterschiedliche Auffassung darüber, was eine „Konsumtheorie" bzw. eine „Theorie des Verbraucherverhaltens" zum Inhalt haben soll. Dies spiegelt sich auch in den beiden extremen Richtungen wider, die sich innerhalb der sozialökonomischen Forschung um die Erstellung einer solchen Theorie bemühen:

Die eine geht im wesentlichen auf Vilfredo Pareto zurück und legt die individuelle Bedarfsstruktur des Verbrauchers in Gestalt des Präferenz- oder Indifferenzsystems zugrunde. Nach ihr versucht der Konsument, die für ihn optimale Gütermengenkombination zu erreichen; das Präferenzsystem gibt dabei den Maßstab ab für die Bedarfsstruktur. *Bössmann* weist aber auf den entscheidenden Einwand gegen die dabei zugrunde gelegte Verhaltenshypothese der von ihr sogenannten „traditionellen Theorie" hin, den sie im „Robinsonkonzept" sieht. Es wird dabei nämlich unterstellt, daß die Präferenzen eines jeden Konsumenten nur von seinem eigenen Geschmack und den objektiven Eigenschaften der nachgefragten Güter abhängen; *nicht* berücksichtigt werden dagegen die Einflüsse, die von den Käufen und den Konsumentscheidungen anderer Wirtschaftssubjekte ausgehen. Demgegenüber sei zu berücksichtigen, daß Konsumentscheidungen wesentlich durch „sozialen Zwang" bestimmt werden, so daß eine „Interdependenz der Präferenzen" bestehe[4].

Es wird auch durchaus nicht verkannt, daß zu einer Klärung dieser Interdependenzen soziologische und sozialpsychologische Verhaltenshypothesen notwendig wären; aber vor der Aufgabe, diese in die Theorie mit einzubeziehen, wird schließlich kapituliert: „Interdependenzen von Präferenzen sind so komplexe Phänomene und die mit ihrem Nachweis verbundenen operationellen Schwierigkeiten so groß, daß es so gut wie unmöglich sein dürfte, ihre Bedeutung für eine zeitliche Entwicklung der Konsumausgaben jemals zu isolieren und zu testen[5]."

Um der formalen Exaktheit der Theorie willen verzichtet man also auf eine Annäherung an die Wirklichkeit.

---

[3] Mackenroth, Gerhard: Bevölkerungslehre. Theorie, Soziologie und Systematik der Bevölkerung. Berlin-Göttingen-Heidelberg 1953, S. 3.
[4] Bössmann, Eva: Probleme einer dynamischen Theorie der Konsumfunktion, Berlin 1957, S. 39.
[5] Ebenda, S. 52.

IX. Schlußbetrachtung

Demgegenüber vertritt die andere Richtung die Auffassung: „Psychologie, Soziologie und Sozialpsycholgie sind... die Zweige einer allgemeinen Wissenschaft vom menschlichen Verhalten, die die Volkswirtschaftslehre zur Blutauffrischung derzeit am nötigsten braucht[6]." Sie bedient sich zur Erarbeitung einer Konsumtheorie der Verhaltensforschung, „die von einem an den Erkenntnissen aller Wissenschaften vom Menschen geprüften Konzept menschlichen Verhaltens in der Wirtschaft ausgeht und den Grundsätzen der empirischen Wissenschaft folgt"[7]. Der Ausdruck „Verhaltensforschung" wurde von den behavioral sciences im Sinne einer Zusammenarbeit von Soziologie, Psychologie, Sozialpsychologie, Ethnologie und Sozialökonomik übernommen[8]. Nach den bisherigen Ausführungen in dieser Arbeit dürfte unschwer zu erkennen sein, welche von den beiden extremen Forschungsrichtungen Vershofens eigener Auffassung eher entsprach, auch wenn er sich einst sehr entschieden vom „Behaviorismus" distanziert hatte. Die Verhaltensforschung, die man mit einigen Vorbehalten vielleicht als *moderne* Form des Behaviorismus bezeichnen darf, verwirklicht aber tatsächlich viele Vorstellungen und Vorhaben, die schon Vershofen nachhaltig beschäftigt hatten. Dabei erwiesen sich immer wieder Hypothesen der „reinen Theorie" als falsch, sobald sie unter Verwendung außerökonomischer Hilfsmittel analysiert werden[9].

Macht man sich nun von den eingangs zitierten Begriffsbestimmungen für „Theorie" die erste zu eigen, dann muß eine Konsumtheorie das gesamte Verbraucherverhalten auf eine geringe Anzahl allein- und allgemeingültiger Normen zurückführen, mit deren Hilfe das zurückliegende Handeln eindeutig erklärt und das zukünftige vorherbestimmt werden kann. Der Grund dafür, daß eine solche Theorie bis heute *nicht* existiert und nach dem gegenwärtigen Stand der Wissenschaft auch nicht vorstellbar ist, ist nicht in mangelnder Erfahrung und Geschicklichkeit, nicht in unzureichenden Erhebungs- und Auswertungsverfahren zu suchen. Es handelt sich dabei keineswegs um das Problem der Verfeinerung von Forschungsmethoden, sondern vielmehr um grundsätz-

---

[6] Schmölders, Günter: Thesen zum Thema Volkswirtschaftslehre und Psychologie, in: Volkswirtschaftslehre und Psychologie, hrsg. von G. Schmölders, Berlin 1962, S. 16.

[7] Scherhorn, Gerhard: Verhaltensforschung und Konsumtheorie, in: Schmollers Jahrbuch für Gesetzgebung, Verwaltung und Volkswirtschaftslehre, 80. Jg., Berlin 1960, S. 2.

[8] Vgl. Seidenfus, Hellmuth Stefan: „Verhaltensforschung, sozial-ökonomische", in: Handwörterbuch der Sozialwissenschaften, 11. Band, Stuttgart-Tübingen-Göttingen 1961, S. 97.

[9] Schmölders geht beispielshalber ausführlich auf die „Sparfunktion des Einkommens" ein (a. a. O., S. 36); ferner erwähnt er die „psychische Anstekkung" und ihre ökonomischen Auswirkungen (a. a. O., S. 31) — dieses Phänomen war aber von Vershofen längst erkannt und interpretiert worden.

liches Unvermögen. Dieses beruht auf der Tatsache, daß es gerade das *Wesen* des Menschen ausmacht, daß die letzten Ursachen seines Verhaltens — wenn man einmal das rein reaktive Verhalten außer acht läßt — sich nicht auf Gesetzmäßigkeiten zurückführen lassen. Eine endgültige Ausdeutung des Menschen läßt sich selbst für einen Teilbereich, wie ihn das Verhalten als Verbraucher darstellt, niemals durchführen, „weil der Kern des Menschen, jener innerste Punkt, aus dem sein Handeln und sein Charakter entspringt, für die Sprache und für das Denken unzugänglich ist. Das hängt mit der Freiheit des Menschen zusammen; denn wäre der Mensch ganz und gar denkbar, dann wäre er auch berechenbar..."[10].

Aber auch die weniger strenge Fassung des Begriffes „Theorie" läßt sich vertreten, wenn man die Sozialökonomie und speziell die Erforschung des Verbraucherverhaltens mit Scherhorn[11] zu den Erfahrungswissenschaften rechnet, die „zwar wie jede wissenschaftliche Theorienbildung formale Geschlossenheit und Axiomatisierbarkeit (= Beweisbarkeit durch Axiome, H. M.) anstrebt, diese Forderung aber dem empirischen Wert ihrer Hypothesen unterordnet, die die Wirklichkeit nicht werten, sondern erklären will und daher prinzipiell nur an der Erfahrung prüfbare Hypothesen aufstellt..." Hier also sollen Tatsachen und Hypothesen zu einem Ganzen verarbeitet und die dabei wirksamen Zusammenhänge ergründet werden, ohne daß nun in jedem Fall formale Gesetze des Verhaltens den Abschluß der Untersuchung darstellen. Aber selbst dieses Ziel hat die Forschung bisher noch nicht erreichen können; es existiert noch kein „geschlossenes Bild"; doch lassen sich bereits wesentliche Ansatzpunkte erkennen und — was besonders wichtig erscheint — ein solches Ziel läßt sich wenigstens in der Idee verwirklichen. Noch befindet sich die Verbrauchsforschung jedoch im Stadium des Zusammentragens und der wissenschaftlichen Auswertung möglichst exakten Materials.

Zu beiden Teilaufgaben hat Vershofen, wie nachgewiesen werden konnte, Entscheidendes beigetragen; sein noch größeres Verdienst muß aber in der Tatsache gesehen werden, daß er auf die Notwendigkeit und die Bedeutung einer Erforschung des Verbraucherverhaltens erst einmal nachdrücklich aufmerksam gemacht und die Idee der Konsumforschung konzipiert und nachhaltig propagiert hat; insbesondere hierauf zielt die ehrenvolle Bezeichnung als „Begründer der Verbrauchsforschung in Deutschland", die ihm heute weithin zuteil und kaum mehr streitig gemacht wird.

---

[10] Röhricht, Rainer: Wozu Theologie? In: Sonntagsblatt (Hrsg. Hanns Lilje), Hamburg 31. 1. 1960, S. 22.
[11] Scherhorn, Gerhard: Verhaltensforschung und Konsumtheorie, a. a. O., S. 2.

IX. Schlußbetrachtung

Im Zusammenhang mit den Problemen einer Theorie des Konsumentenverhaltens taucht immer wieder auch die Frage auf, wem eine solche eigentlich nützen solle. Es ist gewiß kein Zufall, sondern entspricht vielmehr der anderen Grundeinstellung, daß diese Frage besonders häufig gestellt wird von Vertretern derjenigen Disziplinen, die hier als „Hilfswissenschaften" apostrophiert wurden. Auch darin gehen die Ansichten weit auseinander. Die einen sehen das Ziel aller Wissenschaften in der Erkenntnis um ihrer selbst willen, die anderen engagieren sich entscheidend, wenn sie fordern: „Keine Wissenschaft darf sich so wenig mit einem l'art pour l'art, mit einer Theorie der Theorie wegen begnügen wie die Volkswirtschaftslehre, denn wir bedürfen ihrer, um den Weg bahnen zu helfen zur Lösung von Problemen, von der das Sein oder Nichtsein der freien Welt abhängt[12]." Über diese im Grunde unverbindliche Aussage hinaus präzisiert der Psychologe *Lersch* für das Spezialgebiet der Konsumtheorie die Alternativen: „Wem zu Nutzen und Gedeihen soll die Psychologie im Bereich der Ökonomik angewandt werden? Soll es geschehen, um ökonomische Maßnahmen echten und berechtigten Bedürfnissen anzupassen, oder geht es darum, für die aus objektiver Zwangsläufigkeit sich entwickelnden ökonomischen Arrangements die entsprechenden Bedürfnisse zu schaffen. Anders und etwas zugespitzt formuliert: soll die Wirtschaft dem Menschen angepaßt oder der Mensch zu Zwecken der Wirtschaft — um ein heute gängiges Schlagwort zu gebrauchen—manipuliert werden, wie es in der Psychologie der Werbung heute schon mit Erfolg praktiziert wird[13]."

Vershofen war lange Zeit hindurch guten Willens, das aus seinen Forschungen gewonnene Verständnis für das Verbraucherverhalten auch praktisch einzusetzen und in entsprechende Maßnahmen umzusetzen, weil er dadurch eine Bessergestaltung der Wirtschaft zu erreichen hoffte. In dieser Wirtschaft aber sah er Zeit seines Lebens nichts anderes als ein Instrument der Gesellung, wenn auch ein für deren Lebensbewältigung unabdingbar notwendiges und deshalb konnte es für ihn auch stets nur darum gehen, dieses Werkzeug den Erfordernissen der Menschen möglichst optimal anzupassen. Noch stärker als in seinen wirtschaftswissenschaftlichen Veröffentlichungen kommt diese Einstellung in seinem philosophischen Werk, etwa in „Licht im Spiegel"[14] zum Ausdruck.

Die Diskussion darüber, in welchem Maße es zulässig und vertretbar sei, wissenschaftliche Erkenntnisse zur Verfolgung *einzel*wirtschaftlicher Interessen einzusetzen, gewann nachhaltig an Bedeutung eigentlich erst

---

[12] Weber, Adolf: Diskussionsbeitrag, in: Volkswirtschaftslehre und Psychologie, a. a. O., S. 68.
[13] Lersch, Philipp: Diskussionsbeitrag, in: Volkswirtschaftslehre und Psychologie, a. a. O., S. 57.
[14] Köln 1934.

im letzten Jahrzehnt. Vorher war das heute von Lersch so pointiert formulierte Problem kaum von den einschlägigen Fachleuten behandelt worden. Um so höher ist es zu werten, daß Vershofen schon frühzeitig vor den Gefahren gewarnt hat, die der Gesellung von dieser Seite der Wirtschaft her drohen. Vielleicht war es auch das Erkennen dieser Gefahren, das ihn der Motivforschung gegenüber von Anfang an und in zunehmendem Maße eine höchst kritische Stellung hat einnehmen lassen. In seinen letzten Jahren hat er immer wieder, wenn auch zumeist nur in persönlichen Gesprächen, sein Unbehagen über die sich abzeichnende Entwicklung zum Ausdruck gebracht.

Er war nämlich aus innerster Überzeugung zu der Einsicht gelangt, mit der die vorliegende Arbeit abgeschlossen werden soll:

„Wer im Verbrauch die Geltung seiner Person sucht, der ist auf den Weg geraten, auf dem er nie zu sich selbst gelangen, das heißt nie Persönlichkeit werden kann[15]."

---

[15] Vershofen, Wilhelm: Licht im Spiegel, a. a. O., S. 81.

Literaturverzeichnis

Abbott, Lawrence: Qualität und Wettbewerb. Ein Beitrag zur Wirtschaftstheorie, München und Berlin 1958.

Alexander, Franz: Irrationale Kräfte unserer Zeit. Eine Studie über das Unbewußte in Politik und Geschichte, Stuttgart 1946.

Alschner, A.: Rationalität und Irrationalität in den wirtschaftlichen Handlungen und ihre Erfassung durch die Wirtschaftstheorie, in: Schmollers Jahrbuch für Gesetzgebung, Verwaltung und Volkswirtschaft, Berlin 1957, S. 385—435, 547—572.

Amonn, Alfred: Volkswirtschaftliche Grundbegriffe und Grundprobleme, 2. Aufl., Bern 1944.

Angehrn, Otto: Unternehmer und betriebliche Marktforschung, Zürich und St. Gallen 1954.

Aspeslagh, Ferd. M.: De Consumptieleer en, mer in 't bijzonder, Het Consumptiebegrip in de economische Theorie, Turnhout 1938.

Beck, Walter: Grundzüge der Sozialpsychologie, München 1953.

Becker, Erika: Die Konsumtionsveränderung, Diss. Frankfurt/Main 1945.

Behrens, K. Chr.: Demoskopische Marktforschung, Wiesbaden 1961.

Bergler, Georg (Hrsg.): Kultur und Wirtschaft. Eine Festgabe zum 70. Geburtstage von Wilhelm Vershofen, o. O. 1949.

— Der Stand der Konsumforschung in Deutschland, in: Der Markenartikel, München 1952, S. 427 ff.

— Rationalisierung und Verbrauchsforschung, in: die absatzwirtschaft, Nürnberg 1953, S. 1 ff.

— Meinungsforschung und Verbrauchsforschung, in: Jahrbuch der Absatz- und Verbrauchsforschung, hrsg. im Auftrage der Gesellschaft für Konsumforschung e. V. von Georg Bergler u. Wilhelm Vershofen, 1. Jg., o. O. (1954), S. 7 ff. (künftig zitiert als „Jahrbuch der Absatz- und Verbrauchsforschung").

— Der Beitrag Wilhelm Vershofens zur Marktforschung, in: Zeitschrift für Betriebswirtschaft, 24. Jg., Wiesbaden 1954, S. 242 ff.

— Verbraucher und Verbrauchswandlungen, in: Frankfurter Allgemeine Zeitung, Frankfurt/Main, 29. 1. 1955, S. 5.

— Marktforschung und Motivforschung. Zum 80. Geburtstag von Wilhelm Vershofen, in: Zeitschrift für Betriebswirtschaft, 28. Jg., Wiesbaden 1958, S. 727 ff.

— Die Entwicklung der Verbrauchsforschung in Deutschland und die Gesellschaft für Konsumforschung bis zum Jahre 1945, Kallmünz/Opf., o. J. (1959).

— Das Risiko der künstlichen Veralterung in der modernen Absatzwirtschaft (Nachdruck aus „Det Danske Marked", Kopenhagen 1961), in: Jahrbuch der Absatz- und Verbrauchsforschung, 8. Jg., Heft 1, München 1962, S. 1 ff.

Bergler, Georg und Ludwig *Erhard* (Hrsg.): Marktwirtschaft und Wirtschaftswissenschaft. Eine Festgabe aus dem Kreise der Nürnberger Schule zum 60. Geburtstage von Wilhelm Vershofen, Berlin 1939.

Berth, Rolf: Marktforschung zwischen Zahl und Psyche. Eine Analyse der befragenden Marktbeobachtung in Westdeutschland, Stuttgart 1959.

Böhm von Bawerk, Eugen: Kapital und Kapitalzins, 4. Aufl., Jena 1921.

Bössmann, Eva: Probleme einer dynamischen Theorie der Konsumfunktion, Berlin 1957.

Brugger, Walter: „Theorie", in: Philosophisches Wörterbuch, Hrsg. W. Brugger, Freiburg i. Br. 1947.

de Condillac, Etienne B.: Le commerce et le gouvernement, considérés relativement l'un a l'autre, Amsterdam und Paris 1776 (zitiert nach Gide/Rist).

Duesenberry, J. S.: Income, Saving and the Theory of Consumer Behavior, Cambridge, Mass. 1949.

Egner, Erich: Der Haushalt, Berlin 1952.

— Eigenart und Aufgabe hauswirtschaftlicher Forschung, in: Zeitschrift für die gesamte Staatswissenschaft, 114. Bd., Tübingen 1958, S. 251 ff.

Eisler, Rudolf: Wörterbuch der philosophischen Begriffe, 4. Aufl., Berlin 1927.

Frühwald, E.: Verbrauchstheorie — lehrgeschichtlich und systematisch. Diss. H. f. W. Wien 1937.

Galm, Ulla: Beiträge der Institutionalisten zur Bildung einer Theorie des Konsumentenverhaltens, Diss. Frankfurt/Main 1957.

Geiger, Theodor: Die Gesellschaft zwischen Pathos und Nüchternheit, København 1960.

Gesellschaft für Marktforschung GFM (Hrsg.): Marktforschung in Deutschland. Die Nürnberger Schule, o. O. (Zürich) 1941.

Gide, Ch. und Ch. *Rist*: Geschichte der volkswirtschaftlichen Lehrmeinungen, 3. Aufl., Jena 1923.

Habisreitinger, Horst: Konkurrenz und Kooperation, Berlin 1959.

Halbach, Werner: Carl Rodbertus — Künder der Gemeinwirtschaft. Ein Beitrag zu einer Morphologie der Wirtschaft. Heft 65/66 der Nürnberger Beiträge zu den Wirtschafts- und Sozialwissenschaften, Nürnberg 1938.

Heinrichs, Wolfgang: Die Grundlagen der Bedarfsforschung, ihre Bedeutung für die Planung des Warenumsatzes und der Warenbereitstellung im staatlichen und genossenschaftlichen Handel der Deutschen Demokratischen Republik, Verlag Die Wirtschaft, Berlin 1955.

Hubert, René: Condillac, Etienne Bonnot de, in: Encyclopaedia of the Social Sciences (ed. E. R. A. Seligman), New York 1931, Vol. IV, S. 175.

Hundhausen, C. und W. *Vershofen*: Verbrauchsforschung. Ein Meinungsaustausch, in: Markt und Verbrauch, Berlin 1940, S. 258 ff.

Jöhr, E. A.: Nationalökonomie und Psychologie, in: Wirtschaftsfragen der freien Welt, Frankfurt/Main 1957.

Johnson, E. A. J.: John Rae, in: Encyclopaedia of the Social Sciences (ed. E. R. A. Seligman), Vol. XIII, New York 1935, S. 68.

Katona, George: Das Verhalten der Verbraucher und Unternehmer, Tübingen 1960.

Klatt, Sigurd: Die Qualität als Objekt der Wirtschaftswissenschaft, in: Jahrbuch der Sozialwissenschaften, Band 12, Göttingen 1961, S. 19 ff.

Kleining, Gerhard: Zum gegenwärtigen Stand der Imageforschung, in: Psychologie und Praxis, München 1959, Heft 4.

König, René: Die Begriffe Gemeinschaft und Gesellschaft bei Ferdinand Tönnies, in: Kölner Zeitschrift für Soziologie und Sozialpsychologie, neue Folge der Kölner Vierteljahreshefte für Soziologie, 7. Jg., Köln und Opladen 1955, S. 348 ff.

Krieger, Thilo: Konsumenten-Befragung — praktische Marktforschung zur Ermittlung der Haltung des letzten Verbrauchers, Heft 54 der Nürnberger Beiträge zu den Wirtschafts- und Sozialwissenschaften, Nürnberg 1935.

Kropff, Hanns F. J.: Die psychologische Seite der Verbrauchsforschung. Ein Beitrag zur Verbesserung der Marktforschung und damit der Warenherstellung, der Werbung und des Verkaufs, Leipzig 1940.

— Versuch einer Klärung der Problematik der deutschen Verbrauchsforschung, in: Markt und Verbrauch, 14. Jg., Berlin 1942, S. 25 ff.

— Teilweise geglückter Versuch einer Klärung der Problematik der deutschen Verbrauchsforschung, in: Markt u. Verbrauch, 15. Jg., Berlin 1943, S. 26 ff.

— Motivforschung, Methoden und Grenzen, Essen 1960.

Kyrk, Hazel: A Theory of Consumption, London 1924.

Lersch, Philipp: Aufbau der Person, 8. Aufl., München 1962.

— Diskussionsbeitrag, in: Volkswirtschaftslehre und Psychologie, Hrsg. G. Schmölders, Berlin 1962.

Linhardt, Hanns: Buchbesprechung: Vershofen, W. Handbuch der Verbrauchsforschung, 1. Bd., Grundlegung, in: Jahrbücher für Nationalökonomie und Statistik, Band 152, Jena 1940, S. 603 ff.

— Das Objekt der Wirtschaftswissenschaft. Seine Bestimmung durch die Grenzen der Verkehrswirtschaft. In: Zeitschrift für Betriebswirtschaft, Wiesbaden 1956, H. 4, S. 197—218.

Lisowsky, Arthur: Die betriebswirtschaftliche und volkswirtschaftliche Bedeutung der Marktforschung, in: Grundprobleme der Betriebswirtschaftslehre. Ausgewählte Schriften Zürich und St. Gallen 1954, S. 287 ff.

Lorenz, Charlotte: Soziologische und marktwirtschaftliche Verbrauchsforschung, in: Festgabe für Georg Jahn, Berlin 1955, S. 285 ff.

Mackenroth, Gerhard: Bevölkerungslehre. Theorie, Soziologie und Systematik der Bevölkerung. Berlin-Göttingen-Heidelberg 1953.

Mayer, Arthur: Die soziale Rationalisierung des Industriebetriebes. Ein Beitrag zur theoretischen Grundlegung einer Sozialpsychologie des Industriebetriebes, München-Düsseldorf 1951.

Mehlem, Günther: Die Stellung des Verbrauchers in der Marktwirtschaft unter besonderer Berücksichtigung seines Verhältnisses zur Warenqualität, Diss. Hamburg 1960.

Meyer, Paul W.: Verhaltensbeobachtung und Stimmungsanalyse. Ein Beitrag zu den Methoden der Marktforschung, in: Der Mensch im Markt, eine Festschrift zum 60. Geburtstage von Georg Bergler, Hrsg. W. Vershofen, P. W. Meyer, H. Moser und W. Ott, Berlin 1960, S. 375 ff.

Mises, Ludwig: Grundprobleme der Nationalökonomie, Jena 1933.

Moser, Hans: Nekrolog: Wilhelm Vershofen 1878—1960 in: Kölner Zeitschrift für Soziologie und Sozialpsychologie, neue Folge der Kölner Vierteljahreshefte für Soziologie 12. Jg., Köln und Opladen 1960, S. 772 ff.

Müller, Franz: Gemeinwirtschaft, in: Staatslexikon, Hrsg. H. Sacher, 5. Aufl., Freiburg 1927, 2. Band.

Müller-Armack, A.: Genealogie der Wirtschaftsstile, 3. Aufl., Stuttgart 1944.

Myrdal, G.: Das politische Element in der nationalökonomischen Doktrinbildung, Berlin 1932.

Nicolas, Marcel: Die Bedeutung der Repräsentativstatistik für die Meinungs- und Marktforschung, in: Zeitschrift für handelswissenschaftliche Forschung, Köln und Opladen 1952, S. 109 ff.

Noelle-Neumann, E.: Spekulative oder exakte Marktforschung? Über den Stand der methodischen Entwicklung, in: Die Anzeige, Reutlingen 1958, S. 194 ff.

Oldenberg, Karl: Die Konsumtion, in: Grundriß der Sozialökonomik, II. Abt., I. Teil, 2. Aufl., Tübingen 1923.

Patten, Simon Nelson: The Consumption of Wealth, Philadelphia 1889 (2nd ed. 1901).

Preiser, Erich: Das Rationalprinzip in der Wirtschaft und in der Wirtschaftspolitik, in: Jahrbücher für Nationalökonomie und Statistik, 158. Band, Jena 1943.

Proesler, Hans: Ansatzpunkte für die psychologische Betrachtungsweise in der Verbrauchsforschung, in: Markt und Verbrauch, 13. Jg., Berlin 1941, S. 226 ff.

— Versuch einer Klärung der Problematik der deutschen Verbrauchsforschung, in: Markt und Verbrauch, 14. Jg., Berlin 1942, S. 161 ff.

Rae, John: Statement of Some New Principles on the Subject of Political Economy, Boston 1834; Neuauflage: The Sociological Theory of Capital, New York 1905.

v. Reichenau, Charlotte: Konsum und volkswirtschaftliche Theorie, in: Jahrbücher für Nationalökonomie und Statistik, Band 159, Jena 1944.

— Probleme der Verbrauchsforschung, in: Weltwirtschaftliches Archiv, 61. Bd., Jena 1945, Heft 1, S. 1*—5*.

Rinsche, G.: Der aufwendige Verbrauch — sozialökonomische Besonderheiten geltungsbedingter Nachfrage, in: Kreikebaum, H. und Rinsche, G.: Das Prestigemotiv in Konsum und Investition, Berlin 1961.

Röhricht, Rainer: Wozu Theologie? In: Sonntagsblatt, Hrsg. Hanns Lilje, Hamburg, 31. 1. 1960.

Schäfer, Erich: Zwischenbilanz der Verbrauchsforschung, in: Markt und Verbrauch, 13. Jg., Berlin 1941, S. 104 ff.

— Noch einmal „Tatsachen und Meinungen", in: Markt und Verbrauch, 11. Jg., Berlin 1941, S. 284 f.

— Grundlagen der Marktforschung, 3. Aufl., Köln und Opladen 1953.

— Marktforschung, in: Handwörterbuch der Sozialwissenschaften, Stuttgart-Tübingen-Göttingen 1961, 7. Band, S. 147 ff.

Schäfer, Max: Die logische Struktur des Idealtypus bei Max Weber, Walter Eucken und Wilhelm Vershofen, Diss. Nürnberg 1951.

Scherhorn, Gerhard: Bedürfnis und Bedarf. Sozialökonomische Grundbegriffe im Lichte neuerer Anthropologie. Berlin 1959.

— Verhaltensforschung und Konsumtheorie, in: Schmollers Jahrbuch für Gesetzgebung, Verwaltung und Volkswirtschaftslehre, 80. Jg., Berlin 1960.

Scheubrein, Harald: Horizontale, vertikale und totale Konkurrenz. Eine absatzwirtschaftliche Studie. Diss. Nürnberg 1958.

Schmölders, Günther: Ökonomische Verhaltensforschung in: ORDO, Jahrbuch für die Ordnung von Wirtschaft und Gesellschaft, 5. Band, München 1953, S. 203 ff.

— (Hrsg.) Volkswirtschaftslehre und Psychologie. Mit einer Aussprache führender Wissenschaftler. Berlin 1962.

Schreiber, Klaus: Die Hypothese des plangemäßen Kaufverhaltens der Verbraucher und ihre Verifizierung, Diss. FU Berlin 1954.

Schweiger, Karl: Über die Grenzen der Befragungsmethoden in der Meinungs- und Verbrauchsforschung. Diss. Nürnberg 1953.

Seidenfus, Hellmuth St.: Verhaltensforschung, sozialökonomische, in: Handwörterbuch der Sozialwissenschaften, 11. Band, Stuttgart-Tübingen-Göttingen 1961.

Sigwart, Christoph: Der Begriff des Wollens und sein Verhältnis zum Begriff der Ursache, in: Kleine Schriften, 2. Band, Freiburg 1889, S. 115—211.

Specht, Karl Gustav: Aufgaben, Möglichkeiten und Standort der Verbraucherforschung, in: Bock, Josef und Specht K. G. (Hrsg.): Verbraucherpolitik, Köln und Opladen 1958, S. 17 ff.

Spiegel, Bernt: Die Struktur der Meinungsverteilung im sozialen Feld. Das psychologische Marktmodell, Bern und Stuttgart 1961.

Stephan, Erhard: Methoden der Motivforschung. Befragung und projektive Verfahren. Diss. Nürnberg, München 1961.

Stern, William: Allgemeine Psychologie auf personalistischer Grundlage, 2. Aufl., Haag 1950.

Streller, Justus (Bearb.): Philosophisches Wörterbuch, begr. v. Heinrich Schmidt, 11. Aufl., Stuttgart 1951.

Thomae, Hans: Der Mensch in der Entscheidung, München 1960.

Veblen, Thorstein Bunde: The Theory of the Leisure Class, New York 1899, deutsch: Theorie der feinen Leute, Köln-Berlin o. J., (1958).

Vershofen, Wilhelm: Über das Verhältnis von technischer Vernunft und wirtschaftlicher Wertung (Rektoratsrede), Nürnberg 1925.

— Inwieweit läßt sich die Ford'sche Geschäftstheorie verdeutschen? (Beitrag zum marktpolitischen Problem), in: Ford und Wir, hrsg. vom Sozialen Museum in Frankfurt/Main, Berlin und Wien 1926, S. 58 ff.

— Die Marktverbände, Teil 1, Nürnberg 1928.

— Wirtschaft als Schicksal und Aufgabe, Darmstadt 1930, 2. Aufl. Wiesbaden 1950.

— Die Stufen der Sozietät, Heft 26 der Nürnberger Beiträge zu den Wirtschafts- und Sozialwissenschaften Nürnberg 1931.

— Gibt es überhaupt einen Ausweg aus der Krise? in: Keramos, 11. Jg., Bamberg 1932.

— Produktionsankurbelung oder Belebung des Verbrauchs? Nürnberg 1933.

Vershofen, Wilhelm: Wirtschaftliche Großmächte: I. Der Konsument, in: Die Deutsche Fertigware, 5. Jg., Stuttgart 1933, Teil A, S. 49 ff.
— Licht im Spiegel, Köln 1934.
— Der Sinn des Wirtschaftens, in: Blätter für deutsche Philosophie, Berlin 1934.
— Verbrauchslenkung und Wiederentdeckung des Verbrauchers, in: Die Deutsche Fertigware, 7. Jg., Stuttgart 1935, S. 105 ff.
— Randbemerkungen zum Thema „Gerechter Preis", in: Markt und Verbrauch, 11. Jg., Berlin 1939, S. 147 ff.
— Handbuch der Verbrauchsforschung, in: Markt und Verbrauch, 11. Jg., Berlin 1939, S. 369 ff.
— Konsumforschung. Eine neue wissenschaftliche Disziplin und ihre wirtschaftspolitische Bedeutung, in: Marktforschung als Gemeinschaftsaufgabe für Wissenschaft und Wirtschaft (Festschrift für Conrad Herrmann), o. O. (Wuppertal) o. J. (1939), S. 13—28.
— Handbuch der Verbrauchsforschung, I. Bd. Grundlegung, Berlin 1940.
— Tatsachen und Meinungen, in: Markt und Verbrauch, 13. Jg., Berlin 1941, S. 118 ff.
— Rechnen und Verstehen, in: Markt und Verbrauch, 14. Jg., Berlin 1942, S. 185 ff.
— Zum Problem der Qualität, in: Markt und Verbrauch, 15. Jg., Berlin 1943, S. 7 ff.
— Zur neuzeitlichen wirtschaftswissenschaftlichen Forschung, in: Markt und Verbrauch, 15. Jg., Berlin 1943, S. 56 ff.
— Dialektik und Polarität, Wiesbaden 1951.
— Anmerkungen zu Adam Smith, in: Jahrbuch der Absatz- und Verbrauchsforschung, 1954/55, S. 141 ff.
— Motive für die Motivforschung, in: Jahrbuch der Absatz- und Verbrauchsforschung, 4. Jg., Kallmünz/Opf. 1958, S. 236 ff.
— Preis und Nutzen, in: Jahrbuch der Absatz- und Verbrauchsforschung, 5. Jg., Kallmünz/Opf. 1959, S. 1 ff.
— Die Marktentnahme als Kernstück der Wirtschaftsforschung, (Neuausgabe des ersten Bandes des Handbuchs der Verbrauchsforschung), Berlin-Köln 1959.
— Warum? Die alte Frage. in: Jahrbuch der Absatz- und Verbrauchsforschung, 6. Jg., Kallmünz/Opf. 1960, S. 79 ff.
— und Hans *Proesler:* Versuch einer Klärung der Problematik der deutschen Verbrauchsforschung, in: Markt und Verbrauch, 14. Jg., Berlin 1942, S. 159 ff.

Weber, Adolf: Allgemeine Volkswirtschaftslehre, 6. Aufl., Berlin 1953.
— Diskussionsbeitrag, in: Volkswirtschaftslehre und Psychologie, Hrsg. G. Schmölders, Berlin 1962.

Weber, Max: Gesammelte Aufsätze zur Wissenschaftslehre, Tübingen 1922.
— Wirtschaft und Gesellschaft, in: Grundriß der Sozialökonomik, III. Abt., 2. Aufl., 1. Halbband, Tübingen 1925.
— Die protestantische Ethik und der Geist des Kapitalismus, in: Gesammelte Aufsätze zur Religionssoziologie, 4. Aufl., Band I, Tübingen 1947.

Weber, Wilhelm: de Condillac, Etienne Bonnot, in: Handwörterbuch der Sozialwissenschaften, 2. Band, Stuttgart-Tübingen-Göttingen 1959, S. 533 f.

— und Erich *Streißler:* Nutzen, in: Handwörterbuch der Sozialwissenschaften, 38. Lieferung, Stuttgart-Tübingen-Göttingen 1961, S. 1 f.

v. Wiese, Leopold: Charlotte von Reichenau †, in: Kölner Zeitschrift für Soziologie und Sozialpsychologie, 5. Jg., Köln und Opladen 1952/53, S. 137.

v. Wieser, Friedrich: Theorie der gesellschaftlichen Wirtschaft, in: Grundriß der Sozialökonomik, I. Abt., 2. Aufl., Tübingen 1924.

Wilhelm, Herbert: Die „Irrationalität" des Verbrauchers, in: Die Gesellung, Zeitschrift für Wirtschaft und Kultur, hrsg. von der Wilhelm-Vershofen-Gesellschaft, o. O., 1. Jg., 1954, Heft 2, S. 1 ff.

— Der Marktautomatismus als Modell und praktisches Ziel, Wiesbaden 1954.

— Werbung als wirtschaftstheoretisches Problem, Berlin 1961.

Wirminghaus, A.: Die Lehre von der Konsumtion und ihrem Verhältnis zur Produktion, in: Die Entwicklung der deutschen Volkswirtschaftslehre im 19. Jahrhundert (Festschrift für G. Schmoller), Leipzig 1908, 1. Band, Abschnitt XII.

Zeilmaker, Walter E. O.: Elemente einer systematischen Absatzpolitik auf rationaler Grundlage. Eine Theorie der Kauffaktoren beim Konsumenten, Diss. HH Leipzig, Borna-Leipzig 1941.

v. Zwiedineck-Südenhorst, Otto: Der Begriff homo oeconomicus und sein Lehrwert, in: Jahrbücher für Nationalökonomie und Statistik, Band 140, Jena 1934, S. 513 ff.

— Allgemeine Volkswirtschaftslehre, 2. Aufl., Berlin-Göttingen-Heidelberg 1948.

o. Verf.: Leitsätze der Nürnberger Schule, zusammengestellt vom Nürnberger Schülerkreis, in: Festgabe für Wilhelm Vershofen, Nürnberg 1937.

o. Verf.: Studium und Ausbildung am Institut für Wirtschaftsbeobachtung, in: Markt und Verbrauch, 11. Jg., Berlin 1939, S. 124 ff.

o. Verf.: Zwanzig Jahre IfW, in: Markt und Verbrauch, 11. Jg., Berlin 1939, S. 436 ff.

Printed by Libri Plureos GmbH
in Hamburg, Germany